생존을 넘어 번창으로

더 나은 미래에 기여할 스타트업들의 성장 플랫폼, 오렌지플래닛(Orange Planet)

오렌지플래닛 창업재단은 창업가와 함께 꿈과 희망을 키우는 창업플랫폼입니다. 공간 지원 및 멘토링 등 성장을 지원할 뿐만 아니라 성장단계별 투자연계, 나아가 해외 진출에 이르기까지 스타트업이 성공할 수 있도록 지원하고 있습니다.

기존 오렌지팜에서 확장 개편한 오렌지플래닛은 창업가 커뮤니티를 조성하고 다양한 기관과 협력하여 지속 가능한 창업생태계를 구축함으로써 미래 세대에게 창업을 통한 희망을 전파하려는 사회적 가치를 추구합니다.

생존을 넘어 번창으로

| 스타트업 창업과 경영 A-Z |

남태희·밥 팅커 지음 | **최두환** 옮김

Survival to Thrival

1
기업의 여정

  Orange Planet

이 책을 헌정합니다

. . . .

크리스틴, 크리스티안 그리고 클로에에게,
그대들의 사랑과 인내로 이 책을 완성할 수 있었습니다.
—밥

알리, 데이비 그리고 로즈메리에게,
이 책은 모두 그대들의 뛰어난 가르침과 지원 덕분입니다.
—태희

── 고마운 분들께

그리고,

기업 대상 B2B 스타트업의 여정을 다루는 데 저희를 물심양면으로 크게 도와주었던 기업가, 동료 그리고 조언을 주신 여러분께 깊은 감사를 드립니다.

경륜의 CEO와 기업가들께:

브렛 갤러웨이Brett Galloway, 크레이그 존슨Craig Johnson, 페이즐 라카니Faizel Lakhani, 조지프 안사넬리Joseph Ansanelli, 마크 맥로플린Mark McLaughlin, 필 페르난데스Phil Fernandez, 롭 마인하르트Rob Meinhardt 그리고 유리 피코버Yuri Pikover.

"2008 처음 CEO 클럽" 멤버들께:

롭 골드만Rob Goldman, 세스 켄빈Seth Kenvin 그리고 티엔 추오Tien Tzuo.

우리의 동료들에게:

처음으로 CEO를 하는 사람을 팀워크와 인내로 북돋아 준 모바일아이언MobileIron의 모든 구성원께.

회사를 함께 성장시켜가면서 영광과 상처를 같이 나누었던 스톰벤처스 멤버들에게.

저희에게 가르침을 주고, 자신감을 심어주고, 귀한 경험을 나누어 주었던 우리 투자자 동료이자 이사회 멤버인 아레프 힐러리Aaref Hilaly, 프랭크 마셜Frank Marshall, 가우라프 가그Gaurav Garg, 짐 톨로넌Jim Tolonen, 매트 하워드Matt Howard와 우리 벤처캐피털 업계 동료인 파운데이션Foundation VC, 아이브이피IVP, 노르웨스트Norwest, 세쿼이아벤처캐피털Sequoia VC의 여러 멤버들에게,

감사의 마음을 전합니다.

혁신적 창업가는 기업을 바꾸고, 사회를 바꾸고, 시대를 바꿉니다. 대한민국이 부족한 자원의 한계를 딛고 선진국 반열에 오를 수 있었던 데는 산업화 시대를 이끌며 경제 발전을 견인한 선대 창업가들의 역할이 컸습니다.

산업화 이후 정보화 시대에 들어서면서 우리는 새로운 유형의 창업가와 마주하고 있습니다. 네이버, 카카오, 넥슨, 엔씨소프트, 스마일게이트 등 스타트업으로 시작해 불과 20년 남짓한 기간에 괄목할 만한 성장을 일군 성공 스토리가 등장한 것입니다. 몇몇 청년들이 머리를 맞대고 발굴한 아이디어가 혁신의 아이콘이 되어 세상을 움직이는 시대입니다.

제4차 산업혁명을 맞이하는 우리는 이 같은 스타트업의 다양한 성공 사례를 중요한 본보기로 삼는 것이 마땅합니다. 하지만 현실에서는 스타트업의 성장 단계나 유형에 따른 맞춤형 지원과 길잡이가 여전히 부족합니다. 그렇기에 오렌지플래닛 창업재단이 발간하는 『생존을 넘어 번창으로』는 그 의미와 가치가 큽니다.

미국 실리콘밸리에서 스타트업 투자자로 정평이 난 남태희 스톰벤처스 대표가 집필한 이 책은 B2B 비즈니스를 하는 스타트업을 위한 조언을 담고 있지만, 모든 사업 영역의 스타트업 창업가와 구성원에게도 도움이 되리라 생각합니다. 특히 저자 본인의 투자 및 사업 경험을 바탕으로 집필한 책인 만큼 의미 있는 인사이트를 만날 수 있을 것입니다. 감사하게도 최두환 전前 포스코ICT 대표가 번역을 맡아주었습니다.

우리나라의 스타트업 창업보육 환경이 많이 개선되었다고는 하나 아직 미흡한 부분이 많습니다. 특히 초기 창업에만 집중된 지원 정책과 프로그램은 스타트업의 더 큰 도약을 이끌어내지 못하는 한계로 지적됩니다. 그런 면에서 『생존을 넘어 번창으로』는 창업 이후 성장을 모색하며 발전적인 길로 나아가려는 스타트업에게 훌륭한 나침반이 되리라 생각합니다. 남태희 대표의 바람처럼, 이 책이 스타트업 기업이 성공하여 사회 발전에 이바지하는 데 작게나마 도움이 되었으면 합니다.

이 책을 통해 저 역시 우리나라의 창업 생태계와 오렌지플래닛 창업재단의 역할을 더 깊이 고민하게 되었습니다. 권혁빈 창업자(현現 스마일게이트 CVO Chief Visionary Officer)가 2014년 창업지원 프로그램 '오렌지팜'을 선보인 스마일게이트는 2021년 9월, 국내 ICT 기업 최초의 민간 창업재단인 '오렌지플래닛'을 출범시켰습니다. 스마일게이트도 대학 창업보육센터에서 출발했습니다. 시작은 미미했지만 도전과 혁신을 거듭한 끝에 지금은 글로벌 엔터테인먼트 기업으로 우뚝 섰습니다.

　이는 창업가 혼자만의 역량이 아니라 다양한 사회적 지원이 더해졌기에 가능한 성과입니다. 스마일게이트는 그 성장의 경험을 나누고, 좀 더 전폭적으로 후배 스타트업을 돕기 위해 창업재단을 설립했습니다. 특별히 창업 예비 단계부터 기업공개IPO 준비까지 기업 성장의 전 단계에 걸친 입체적 지원에 중점을 두고 있습니다.

　오렌지플래닛은 성장통을 겪으면서도 포기하지 않고 앞으로 나아가는 스타트업의 든든한 동반자가 되고자 합니다. 그리하여 성공한 스타트업이 다시 후배 스타트업을 돕는 선순환 생태계가 만들어질 수 있도록 노력하겠습니다. 청년 창업가와 함께하는 재단이 앞으로 보여드릴 진정성 있는 행보를 기대해 주십시오.

　감사합니다.

권오현 오렌지플래닛 이사장

세상이 바뀌고 있다. 한국 경제가 대기업에 매달려 지탱하던 시대
는 빠르게 끝나가고 있다. 실리콘밸리처럼 번쩍이는 아이디어로
창업에 성공하고, 이것이 우리 경제의 밑바탕이 되는 시대가 우리
곁으로 다가오고 있다. 이런 변화를 맞이하여 요즘 젊은이에게는
좋은 대기업이라는 것이 더 이상 좋은 커리어 플랜이 아닐 수 있
다. 스타트업을 창업하여 거기서 성공을 이루는 것이 훨씬 큰 보
람과 보상을 얻을 수 있기 때문이다.

옮긴이의 경영 경험은 다양한 편이다. 스타트업을 창업하여 상
장시켜 보았고, 중견기업을 구조조정하여 보았고, 굴지의 대기업
도 경영하여 보았다. 그리고 지금은 벤처 투자에 관여하고 있다.
그런데 누군가 옮긴이에게 다시 한 번 기업을 경영해 보라고 한다
면, 가장 자신 없어할 분야는 어디일까? 스타트업 경영이다. 과거
에 옮긴이가 어떻게 스타트업을 경영했던가를 생각하면 더욱 그
렇다.

스타트업 경영자가 알아야 하는 것은 대기업 중견기업 경영자

가 알아야 하는 것과는 많이 다르다. 먼저, 경영의 범위가 훨씬 넓다. 기술, 재무, 영업 등 어떤 분야를 떠맡아주는 전문가가 스타트업에는 부족할 수밖에 없기 때문이다. 그리고 기업 문화도 다르다. 대기업에 적용되는 문화로 스타트업을 경영하게 되면 도전을 미루게 하고 비효율의 극치와 창의성 말살을 낳는다.

옮긴이의 과거 스타트업 경영을 살펴보면, 그때는 비즈니스를 어떻게 전개해 나가야 하는지, 고객 대응을 어떻게 해야 하는지, 언제 사람을 어떻게 뽑아 써야 하는지 등등 많은 것을 몰랐고, 소위 제 잘난 척하는 수준의 경영이었다. 지금 생각하면 오싹하고, 끔찍하다.

최근 한국 창업 생태계를 살펴보면 과거와 비교하여 많은 것이 좋아졌다. 기술이 좋으면 자금이 없어서 창업을 못 할 상황은 거의 사라졌다. 하지만 스타트업을 어떻게 창업하고 잘 경영할 수 있을까 하는 문제만은 십수 년 전과 다르지 않게 큰 발전 없이 제자리에 머물고 있다. 뛰어난 아이디어와 기술 능력이 있는 우리 젊은이가 스타트업 경영까지 잘할 수 있다면, 우리 스타트업 성공 스토리는 훨씬 화려하게 전개되어 전 세계를 누빌 수 있을 것이다. 덩달아 우리 경제도 제2의 도약을 꿈꿀 수 있을 것이다.

스타트업을 창업하려는 우리 젊은이들에게 쉽고, 실용적이고, 효율적이며, 미래까지 생각하게 하는 스타트업 창업 및 경영 지침서를 마련하여 읽게 해주었으면 하는 바람, 바로 이것이 이 책을 옮긴 이유이다. 옮긴이가 그간 여러 관련 도서를 읽어보았으나,

이 책만큼 쉽게 읽을 수 있고, 스타트업 경영과 경영자에 대한 혜안을 가지고 준비된 책은 거의 없었다. 이 책이 그런 큰 장점을 지닌 이유는 저자들이 실제 스타트업 창업 경영자이었고, 또한 벤처 투자자이기도 하여서이다.

이 책을 우리 스타트업 경영자들이 읽으면 크게 도움이 될 것 같아, 옮긴이가 재단이사로 있고 청년 창업지원에 힘을 쏟고 있는 스마일게이트 오렌지플래닛과 힘을 합쳐 이 책을 번역 출간하기로 하였다. 그리고 원저자인 남태희와 밥 팅커 두 분도 우리 젊은이들을 위하여 경험과 지식을 기꺼이 허여해 주었다. 이에 깊은 감사를 드린다.

이 책의 내용과 마음을 카로Caro와 에드윈Edwin에게 전하며,

2021년 가을, 최두환

| 차례 |

제4장 영역 리더십을 향한 가속화 139

실리콘밸리에는 "Pay It Forward"라는 특별한 기업가 정신이 있습니다. 기업가가 기업가를 돕고, 경쟁자가 경쟁자를 돕고, 동료가 동료를 도우며, 경험 많은 선배가 이제 갓 시작하는 후배에게 앞으로 당면할 어려움과 이에 대한 조언을 나누며, 그들이 성장하도록 도와주는, 우리말로 "받은 도움을 다음 사람에게 전수傳授하는" 기업가 정신입니다.

우리의 이번 여정도 그 과정에서 우리를 도와준 수십, 수백 명의 도움으로 가능했습니다. 그들은 이미 성공한 창업자에서부터, 몇 년 앞선 CEO, 아직은 당연히 서투른 "처음 CEO 클럽"의 멤버들까지 다양했습니다. 그리고 그들 못지않게 중요했던 이들은 스타트업 여정의 전 과정에서 저희와 함께하며 저희가 창업자로서 경험과 인내심을 갖게 해준 동료들이었습니다.

이 모든 사람이 우리의 기업 여정에 기여하고 도움을 주었습니다. 어떤 사람들은 우리의 성공에 달린 이해관계 때문에 돕기도 하였지만, 대부분의 사람들은 별다른 이유 없이 그냥 우리를 도와

주었습니다. 인연과 선의 이외에 다른 이유를 찾아보기 힘들었습니다. 그리고 이런 기업가 정신은 지난 수십 년을 거슬러 올라갑니다.

열세 살의 스티브 잡스Steve Jobs(애플 창업자)는 전화번호부에서 번호를 찾아 세계적 대기업 HP의 CEO 빌 휴렛Bill Hewlett(HP 공동창업자)에게 전화를 걸었습니다. "빌 휴렛이 전화를 받았고, 저는 그에게 지금 만들고 있는 주파수카운터라 불리는 것에 필요한 부품을 좀 구해줄 수 있느냐고 물었습니다. 빌 휴렛은 그 부품을 구해다주었습니다. 뿐만 아니라 저에게 더 중요한 선물도 주었습니다. 그해 여름 HP에서 일할 기회를 만들어주었습니다. 그 말을 들은 순간 저는 천국에 온 기분이었죠."

기업 대상 B2B 스타트업의 창업을 생각한다면, 이 책은 당신을 위한 책입니다

지금까지 엔터프라이즈Enterprise 스타트업, 즉 기업 대상 B2B 스타트업의 창업에 초점을 둔 책은 거의 없었습니다. 우리는 『생존을 넘어 번창으로Survival to Thrival』를 저술하여 그 빈틈을 메우고, "받은 도움을 전수하는" 기업가 정신도 살리기로 마음먹었습니다.

기업 대상 B2B 스타트업의 창업자, 임직원 또는 투자자라면 이 책은 도움이 될 것입니다. 그들은 스타트업을 어떻게 시작하고 경영해 나갈지 큰 그림을 먼저 그려야 합니다. 이에 도움을 주기 위하여 이 책을 준비했습니다. 그 주요 내용은 다음과 같습니다.

- 스타트업 구축에 필요한 여러 구성요소를 어떻게 조합할 것인가?
- 한 단계 성취 후 그다음 단계에서 해야 할 일은 무엇인가?
- 힘들게 배울 내용은 무엇이며, 성장하면서 버릴 내용은 무엇인가?
- 어려운 상황에서 효과가 있거나 없었던 노력의 상흔들은 어떤 것이 있는가?
- 남이 하고 있는 것들 중에서 미리 알았더라면 좋았을 것이 있다면 무엇인가?
  그 밖의 마땅한 답이 없는 어려운 상황들도 때때로 보여줄 것입니다.

기업 대상 B2B 스타트업: 생존을 넘어 번창으로

기업 대상 B2B 스타트업을 구축하는 일은 소비자 대상 B2C 스타트업의 경우와 다릅니다. 소비자 대상 B2C 기업은 소비 트렌드를 제대로 파악한 다음, 그런 시대적 트렌드를 하나로 모아 가속화하면 됩니다. 그러면 살아남을 수 있습니다. 그런데 B2B 영역에서는 이런 마법의 시대적 트렌드라는 것이 없습니다. B2B 기업은 B2C 기업보다 더 체계적이어야 합니다. 그리고 기업 구매자는 일반 소비자보다 훨씬 더 신중합니다. 그래서 B2B 스타트업의 시장 진출은 훨씬 더 복잡합니다. B2B 스타트업은 훨씬 더 많은 시간을 "생존 단계"에서 보내곤 합니다. 그 생존 단계 동안 그들은 어떤 제품을 만들어 어떻게 시장에 진출할지 준비하면서, 죽지 않고 살아남으려 온갖 노력을 다합니다. 그러다 어느 시점에서 실력과 운이 만나서 비즈니스가 가속화됩니다. 그러면 더 이상 생존("어떻게 살아남을까?")이 아니라, 번창("어떻게 승리해 나갈까?")을 생각하게 됩니다.

기업 대상 B2B 스타트업이 가속화하여 "번창 단계"로 한번 옮겨가면 모든 것이 달라집니다. 기존의 일하던 방식이 더 이상 동작하지 않습니다. 비즈니스에 대한 요구가 바뀌고, 경영자에 대한 요구가 바뀝니다.

이런 변화를 제대로 해내면 B2B 스타트업은 중요한 비즈니스 영역을 차지하며, 막대한 가치를 창출하게 됩니다. 그러지 못하면, 예를 들어 진화하지 못하거나 변화하지 못하거나 번창으로의 전환에 실패하면, 그 스타트업은 존재도 없이 사라집니다. 이것이 생존에서 번창으로 나아가는 기업의 여정입니다.

왜 두 권으로?

일반 비즈니스 서적 출판사는 300쪽 이상의 책을 원합니다. 하지만 요즘 기업가들은 더 작은 단위로 콘텐츠를 소비합니다. 그래서 우리는 출판사 의견을 따르기보다, 한 번 비행기를 타고 내릴 동안 다 읽을 수 있는 약 200쪽 분량의 작은 책 두 권으로 저술하기로 마음먹었습니다.

　제1권은 기업 대상 B2B 스타트업의 기업 여정에 관한 것입니다. 스타트업이 창업 아이디어에서 시작하여, 생존을 위한 경쟁을 거쳐, 지속 가능한 업계 리더로 번창하기까지의 비즈니스, 제품, 시장진출, 그리고 구성원 전반에 걸쳐서 알아야 할 것을 다룹니다. 이 책은 기업 대상 B2B 스타트업 성장에 있어 중요하나 그간 다뤄지지 않았던 핵심 연결고리인 시장진출 최적화GTM Fit, Go-To-Market Fit를 소개합니다. 또한 생존에서 번창으로의 전환이 일어나는 시점을 알려줍니다. 스타트업이 기업 여정에서 마주하는 여러 변화는 굉장히 신경 쓰이고 숨 막히는 것입니다. 그래서 다음 단계에는 어떤 일이 일어날지를 아는 것이 벌써 전투의 절반입니다. 그렇다면 지금까지 잘 동작하던 것이 앞으로는 그렇지 않을 수도 있음을 알아야 합니다. 우리의 바람은 창업자의 이러한 당면한 문제 해결과 또 앞으로 닥쳐올 문제 대비에 이 책이 도움이 되었으면 하는 것입니다.

　제2권 『생존을 넘어 번창으로: 기업 구성원의 여정Survival to Thrival:

The People Journey』은 기업 구성원 여정에 관한 것입니다. CEO, 경영진 및 이사회가 스타트업이 생존을 넘어 번창으로 변화하는 여정에서 배우거나 버려야 할 내용을 다룹니다. 회사가 바뀌면 역할이 바뀌고, 이에 따라서 사람도 바뀌거나 바뀌어야 합니다. 회사의 문화가 진화해야 합니다. 사람들이 일하는 방식이 진화해야 합니다. 현 단계를 성공으로 이끌었던 요소 중 일부는 다음 단계에서는 버려져야 합니다. 이는 고통스럽고 힘들지만, 또한 놀라운 학습 경험입니다. 제1권과 마찬가지로, 제2권도 창업자에게 지금 당장 도움이 되는 것은 물론, 다음 단계의 예견에도 도움이 되었으면 합니다. 다만 제2권은 회사가 아닌 사람과 문화에 초점을 두는 것이 다릅니다.

가장 중요한 것은 두 권의 책 모두 목표가 같습니다. 이런 힘든 여정에 올라탄 창업자가, 잘될 때도 있고 안될 때도 있지만, 결코 자기 혼자만이 그런 상황을 마주하는 게 아니라는 것을 인식하도록 돕는 것입니다.

저자에 대한 짤막한 소개

우리는 세 번의 창업을 경험한 밥 팅커와 오랫동안 벤처 투자를 해왔던 남태희입니다. 우리는 지난 15년 동안 창업자–투자자 콤비로 스타트업 전장을 함께 보냈으며, 운 좋게도 두 개의 스타트업을 성공시켰습니다. 그중 하나는 매각되었고, 다른 하나는 상장되었습니다. 전자는 와이파이^{wifi} 관련 회사인 에어스페이스 Airespace로 시스코^{Cisco}에 4억 5,000만 달러(약 5,300억 원)에 인수되었고, 후자는 모바일 보안 회사인 모바일아이언^{MobileIron}으로 2014년에 상장되었습니다.

밥은 B2B 스타트업 모바일아이언의 창업 CEO였습니다. 3명의 인원과 화이트보드 하나로 시작해서 8년 만에 연매출 1억 5,000만 달러(약 1,800억 원) 이상, 기업 거래처 12,000곳 이상, 직원 1,000명에 이르는 회사로 일구었습니다. 밥은 에어스페이스의 기업 매출을 0에서 8,000만 달러까지 가파르게 성장시킨 경영자이기도 합니다. 대부분의 스타트업 CEO와 마찬가지로 밥은 일반적인 경영 이론에 그다지 신경 쓰지 않습니다. 그는 일을 떠맡아서 문제를 해결하고, 구성원을 하나로 모아서 훌륭한 비즈니스로 키워내고 싶어합니다. 그는 바른 결정을 내리고, 어려운 문제를 해결하고, 남보다 한발 앞서가는 방법을 알고 싶어합니다. 그런 의미에서 그는 투자자라기보다는 하나의 사업에 몰두해 물러설 자리가 없는 창업 CEO를 대변합니다. 밥은 창업자들이 알아야 할 것을 바로 지적하며, 정곡을 찌르기 좋아하는 사람입니다.

남태희는 스톰벤처스의 창립 파트너입니다. 그는 모바일아이언의 투자자이자 이사회 의장이었으며, 에어스페이스의 창업 CEO, 투자자 및 이사회 멤버였습니다. 그 이전에는 벤처 로 그룹^{Venture Law Group}의 창립 파트너로서, 변호사 및 벤처 투자자로 수백 건의 스타트업 여정에 참여하여, 모두 15개의 기업을 상장시켰습니다. 많은 실리콘밸리 투자자처럼 그는 자신의 투자 포트폴리오를 자신의 성공과 실패에 비추어 패턴매칭하는 경향이 있습니다. 그는 스타트업의 현재 상황을 자신의 경험에 비추어 앞으로의 결과를 예측하고 창업자를 돕는 동인을 찾아냅니다. 대학에서 응용수학을 전공한 그는 해당 기업에 알맞은 비즈니스 모델을 만들고 최적화하기 위해 스타트업 여정을 주의 깊게(때로는 지나칠 정도로) 분석합니다. 그는 비즈니스 모델에 꽂힌 남자입니다.

저희 둘은 15년 동안이나 경험을 공유해 왔지만, 이 책을 쓰기 위해 우리 둘의 관점을 조화시키는 것은 쉽지 않은 도전이었습니다. 그 과정이 고통스럽기도 하고 매력적이기도 하였지만, 이런 조화의 노력이 더 나은 결과를 만들었으리라 생각합니다. 이 책이 여러분에게 주어진 기회를 더 잘 활용할 수 있게 하거나, 또는 작은 어려움이라도 피하는 데 도움이 된다면 저희는 임무를 완수한 것입니다.

우리가 바라는 것

기업 대상 B2B 스타트업을 해보겠다는 것은 위대한 여행입니다. 두려운 여행이면서, 때로는 외로운 여행입니다. 처음에는 단순히 생존에 관한 것입니다. 살아남으려는 노력, 그것뿐입니다. 그러다가 운과 노력이 만나면 번창에 관한 것이 됩니다. 큰 성공을 이룰 기회가 주어집니다. 어쨌든 이 여행은 비즈니스, 사람, 그리고 결국에는 자신에 대한, 정신을 못 차릴 정도로 강렬한 학습 경험입니다. 우리는 모두 매일매일 배우고 있습니다. 다음 위대한 기업을 만들기 위해 이미 뛰어들었거나 또 앞으로 뛰어들 전 세계 수백만 창업자에게 "생존을 넘어 번창으로의" 여정은 감동 그 자체입니다. 이 여정을 향해 나아갈 당신께 경의를 표합니다.

제1권

기업의 여정

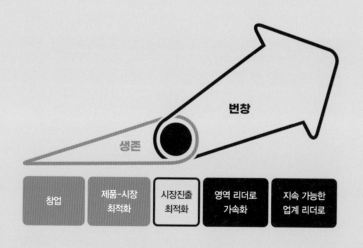

번창

생존

| 창업 | 제품-시장 최적화 | 시장진출 최적화 | 영역 리더로 가속화 | 지속 가능한 업계 리더로 |

화이트보드에 그려진 작은 아이디어에서 시작한 스타트업을 업계를 선도하는 지속 가능한 비즈니스로 키우는 것은 모든 창업자의 꿈입니다. 이 책은 그 여정에 관한 것입니다.

모든 스타트업은 여러 단계의 여정을 거칩니다. 창업 아이디어 단계, 초기 제품 단계, 시장 진출 단계, 성장 추구 단계 등입니다. 모두가 이런 임무를 완수하여, 가치 있는 지속 가능한 비즈니스를 만들고 싶어합니다. 하지만 이는 정말 쉽지 않습니다. 좋은 아이디어가 필요하며, 좋은 사람이 필요하며, 힘든 좌절을 극복해야 하며, 집중하여 배워야 하며, 그리고 엄청난 노력과 함께 운도 따라 주어야 합니다.

제1권의 네 가지 주제는 다음과 같습니다.

- **지금 도움이 되면서 다음 단계 예측에도 필요한 실질적 조언.**
  스타트업의 당면한 마일스톤에 집중하고 있는 B2B 창업자에게, 창업에서 시작하여 지속 가능한 업계 리더로 나아가는 여정에 따라, 지금 당장 도움이 되면서 다음 단계 예측에도 필요한 현장의 실질적 조언을 제공합니다.

- **스타트업 성장에 있어 "빠진 연결고리": 시장진출 최적화**
  제품-시장 최적화PMF: Product-Market Fit는 스타트업들에게 잘 알려진, 매우 중요한 마일스톤입니다. 하지만 B2B 스타트업은 이 제품-시장 최적화만으로는 크게 성장하지 못합니다. 여기에 그간 잘 알려지지 않았던 "빠진 연결고리"가 있습니다. 이는 B2B 스타트업에 현실적으로 매우 중요한 것으로, 우리는 이를 "시장진출 최적화"라고 이름 붙였습니다.

- **번창 단계에서는 모든 것이 바뀝니다.**

스타트업이 시장진출 최적화에 성공하면, 더 이상 생존이 아니라 이제 번창을 생각해야 합니다. 그러면서 모든 것이 바뀝니다. 사고방식이 바뀌고, 실행방식이 바뀌고, 투자자가 바뀝니다. 이런 변화는 엄청나게 힘듭니다. 이전에 동작했던 방식이 대부분 더 이상 동작하지 않습니다. 스타트업의 생존을 도왔던 것들이 이제 도리어 발목을 잡습니다.

- **이래도 힘들고, 저래도 힘들다.**

B2B 스타트업의 여정은 고통스러운 상황, 힘든 변화, 마땅한 해답이 없는 경우들로 가득합니다. 그런데 당신 혼자만 그런 게 아닙니다.

이 책은 기업 대상 B2B 창업자 여러분을 위한 책입니다.

생존을 넘어 번창하십시오. 이를 뒤따르는 사람과 나누십시오. 행운으로 가득하시길!

저자 드림

NOTE

제1장

창업

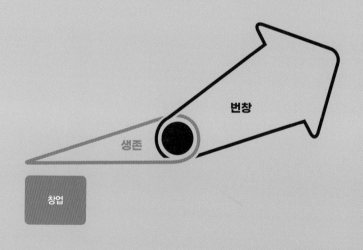

항상 아이디어에서부터 시작합니다

어떤 창업자는 제품 또는 비즈니스에서 새로운 기회를 봅니다. 다른 창업자는 산업을 변혁시킬 기술 또는 비즈니스에서의 큰 전환을 봅니다. 그들은 그런 기회에 매료되어, 위험을 감수하더라도 그 기회를 좇아야 한다고 생각합니다. 그들은 타고난 기업가입니다. 신념을 가지고 위험을 감수하는 존재입니다. 그들은 가능성과 약속의 큰 물결을 내다보며, 그 기회를 좇아갑니다.

　개인적 좌절감에서 동기를 얻는 창업자도 있습니다. 기업에는 해결해야 할 짜증 나는 문제가 있기 마련입니다. 그런데 이것이 쉽게 해결되지 않는 것을 보고는 좌절감을 느끼고, 자기 나름으로 어떻게 해봐야겠다, 생각하는 사람들이 있습니다. 분야 전문가인 그들의 눈에는 앞으로 어떤 변화가 일어날지 예견됩니다. 하지만 변화를 수용하지 않으려는 둔감한 기존 기업에서 그들의 이런 생각이 거부당하게 되면서, 그들은 좌절감을 느낍니다. 이런 좌절감이 그들이 창업자가 되어 현상 유지를 거부하고, 변혁을 일으키도록 합니다.

그리고 자신의 고유 아이디어가 없는 창업자도 있습니다. 그들은 다른 창업자, 뛰어난 고문, 업계 전문가, 또는 투자자로부터 아이디어를 얻어서, 그 아이디어로부터 시작합니다. 비록 다른 사람의 아이디어지만, 이를 성공적 사업으로 이끌어 갑니다.

창업자들은 여러 다른 형태와 방식으로 창업을 시작하지만 하나의 공통점이 있습니다. 바로 창업 아이디어입니다. 비즈니스 또는 제품에 대한 아이디어, 고객 문제를 해결하는 아이디어, 시장 변혁을 유발하는 아이디어입니다. 창업 아이디어는 열정을 불러일으킵니다. 위험을 감수하는 열정, 생존을 위해 필사적으로 노력하면서 무에서 유를 만들어내는 열정, 바로 창업자가 되기 위한 열정입니다.

창업 아이디어

많은 창업 아이디어가 있을 수 있습니다. 중요한 것은 그들 중 어떤 것이 가치를 창출하는 비즈니스가 될 수 있을까 하는 것입니다.

문제 또는 변혁에서부터 시작한다.

B2B 기업은 기업고객의 중요한 문제 해결이나 큰 변혁에 따른 해결책 제공을 바탕으로 비즈니스를 합니다. 그런데 기업고객은 기

술 자체를 목적으로 구매하지는 않습니다. 그들은 문제 해결을 위해서나, 비즈니스 개선을 위해서나, 변혁으로부터 자신을 보호하기 위해 기술을 구매합니다.

문제로부터 시작하는 것은 쉽고 명료한데, 실리콘밸리는 종종 거꾸로 기술을 우선시하여 시작하기도 합니다. "우리는 이 멋진 기술을 개발했습니다. 이것으로 무엇을 할 수 있을까요? 이제 우리 기술을 구매해 줄 대상을 찾아봅시다."

드문 경우를 제외하고는, 이 "기술 우선" 접근 방식은 B2B 창업자에게 별 도움이 되지 않습니다. 중요한 문제나 비즈니스 요구를 해결하는 쪽으로는 결코 진화되기 어려운 그런 제품 개발에 창업자의 시간과 인생을 낭비하게 될 수도 있습니다. "기술 우선" 접근 방식으로 초기 자본조달에는 성공하더라도 영업 및 고객 유치에 실패하게 되면, 바로 다음에 이어져야 할 자본조달 기회가 증발하게 되고 회사는 망하게 됩니다.

이것을 문제와 변혁을 우선으로 하는 모델과 비교해 보십시오. "우리는 많은 고객에게 큰 영향을 미치는 문제 또는 변혁에 대한 해결책을 찾았습니다. 이 해결책을 활용하는 제품과 솔루션을, 멋진 기술을 활용하여, 차별화하여 만들어보겠습니다."

"기술 우선" 모델과 "문제와 변혁 우선" 모델이 어떻게 다릅니까? 후자는 기업고객의 명확한 요구를 해결하려 합니다. 그 명확한 요구란 기업의 당면한 문제에 대한 해결책이거나 기업에 새로운 큰 기회를 제공해 줄 수 있는 변혁에 대한 대응책이거나, 어쩌면 둘 다일 수 있습니다. 또한 후자의 경우는 제품 아이디어가 명확하고 고객집단도 명확합니다. 가끔은 고객 문제에 대한 분명한 정의 없이 "기술 우선"으로 시작한 창업 아이디어가 성공하기도 하지만, 고객과 문제에 대한 정의가 분명하면 할수록 스타트업의 생존 가능성이 높아지고 번창할 가능성 또한 높아집니다.

창업 아이디어: 모바일아이언의 예

어떤 창업자는 속담처럼 칵테일 냅킨에 창업 아이디어를 그리기도 합니다. 밥과 모바일아이언의 공동창업자 아자이 미쉬라^{Ajay Mishra} 및 슈레쉬 바추^{Suresh Batchu}는 이를 화이트보드에 그렸습니다.

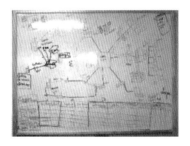

변혁의 물결: 직장에서의 스마트폰
문제: 직원들은 스마트폰을 가지길 원하고, 자신의 선호 기종을 사용하려 든다. 회사의 IT 부서가 이런 선택을 안전하게 보안하고 관리하기 쉽지 않다.
제품: 회사 소유와 개인 소유 스마트폰의 데이터와 앱을 위한 보안/관리 솔루션

창업 아이디어: 해야 할 숙제

창업자는 인생을 걸고 자기 시간을 창업 아이디어에 투자합니다. 그들은 문제, 제품 아이디어, 시급성, 시장 규모, 경쟁환경을 분석하기 위한 숙제를 합니다. 그중 가장 중요한 것은 잠재고객과 대화하는 것입니다. 한 창업자는 40명이 넘는 고객과 인터뷰하였고, 다른 창업자는 150명이 넘는 고객과 통화하였습니다.

숙제를 한다는 것은 다양한 형태로 이루어집니다. 고객만이 아니라 업계 전문가, 기존 관련 종사자, 영업 채널, 기타 여러 다른 사람과 대화하는 것을 의미합니다.

> **밥 팅커** "모바일아이언의 공동창업자 아자이 미쉬라와 슈레쉬 바추는 코드 한 줄을 작성하기 위하여 6개월 동안 고객 및 업계 전문가와 대화했습니다. 6개월 동안의 숙제 덕분에 우리는 고객 문제를 이해하고 이를 해결하기 위한 제품을 설계할 수 있었습니다. 또한 이런 숙제는 첫 번째 자본조달을 훨씬 효과적으로 할 수 있게 해줍니다."

이런 숙제의 과정은 중요합니다. 창업 아이디어에 여러 번의 중요한 진화를 불러옵니다. 고객 문제의 시급성에 대한 통찰력을 가져다줍니다. 초기 마케팅과 시장 영역 구체화에 도움을 줍니다. 그리고 마지막으로, 초기 투자자 미팅에서 투자자들에게 창업 아이디어에 관한 신뢰성을 심어줍니다.

창업 아이디어의 검증: "중력"이 있습니까?

창업 아이디어의 궁극적인 검증은 바로 이것입니다. 사람과 자본을 끌어모으는 "중력"이 있는가, 하는 것입니다.

훌륭한 창업 아이디어가 창업자의 열정과 결합하면 중력이 만들어집니다. 그리고 외부에서 입증되면 그 중력은 더욱 커집니다. 신뢰하는 고객과의 토론에서 또는 신뢰하는 제3자로부터 입증받을 수 있습니다. 예시적 시제품을 만들어 입증받을 수 있습니다. 클라우드 환경이 좋아짐에 따라, 이를 이용하여 초기에 시제품을 만들어 입증해 보이는 것이 최근에는 B2B 스타트업에서 다반사가 되고 있습니다. 그중 가장 좋은 입증은 돈을 받든 아니든 기업 고객을 조기에 유치하여 실제 현장에 적용해 보는 것입니다.

스타트업 구성원에게 중력이란 중요한 문제를 멋진 솔루션으로 해결하고, 뛰어난 사람과 협력하고, 혁신의 물결을 타고 훌륭한 회사를 같이 키워나감으로써 얻어집니다. 투자자에게 중력이란 시장이 충분히 크고, 시장으로의 진출이 가능하고, 시장을 방어할

발판이 마련되어 있고, 제시하는 해결책이 고객의 신속한 구매를 유도할 만큼 시급하다는 믿음에서 얻어집니다.

창업 아이디어의 중력이 사람과 자본을 하나로 묶으면 특별한 일이 생깁니다. 창업 아이디어가 그 자체로 생명을 갖게 됩니다. 임계 질량에 도달한 창업 아이디어, 사람, 자본 및 고객 입증은 회사 내부에 불꽃을 일으킵니다. 구성원들은 창업 아이디어와 이것이 해결하는 고객 문제에 감정적 애착을 갖기 시작합니다. 그러면서 더 큰 동기가 생기기 시작합니다. 미션이 탄생하는 것입니다.

공동창업자

공동창업자는 스타트업의 씨앗입니다. 그들은 함께 창업 아이디어를 개발하고, 초기 팀을 구성하고, 기업 문화를 만들고, 초기 자본을 조달합니다. 잘 맞는 공동창업자와 함께하면 창업은 가속화되고 투자자 지원은 강화됩니다. 그렇지 못한 (또는 너무 많은) 공동창업자와 함께하면 창업에 심각한 손상이 올 수 있습니다.

창업팀 구축은 어떻게 해야 합니까? 그들은 무엇을 해야 합니까? 그들이 마주하는 문제는 어떤 것들이 있습니까?

공동창업자의 적합성

공동창업자의 보유 기술을 살피기 앞서, 공동창업자에게서 가장 먼저 살펴야 할 중요한 요소는 당신과의 적합성입니다. 이것은 다음 세 가지로 요약됩니다.

- **열정**: 창업 아이디어와 미션에 대한 열정 공유.
- **케미**: 탄탄한 업무 관계, 많은 시간을 함께 보낼 수 있는 편안함, 동등한 수준의 위험 감수와 업무 헌신.
- **믿음**: 가치 공유, 상호 신뢰.

공동창업자의 역량

공동창업자들이 모두 같은 배경과 역량을 가져서는 안 됩니다. 최고의 창업팀은 그들의 서로 다른 여러 역량을 결합하여, 창업 아이디어를 수익을 내는 제품과 서비스로 빨리 만들어갈 수 있어야 합니다. 그래서 이상적으로는 다음 역량을 함께 책임질 수 있는 사람의 조합입니다.

- **제품**: 고객의 문제를 이해하고, 팔리는 제품으로 이를 해결하는 능력.
- **기술**: 제품을 잘 만들 수 있는 능력.
- **영업/마케팅**: 고객 발굴 및 제품 영업 능력.

그렇다고 각 역량별로 한 명씩, 세 명의 공동창업자가 필요하다는 것은 아닙니다. 스타트업 초기에는, CEO가 고객 발굴, 요구사항 정의, 영업 등을 맡고, CTO는 제품을 개발합니다. 또는 CTO 가 고객과 협력하여 요구사항을 정의하고 제품을 개발하고, CEO 는 고객을 발굴하고 영업을 하기도 합니다. 중요한 것은 창업팀에 는 모든 필요한 역량이 있어야 한다는 것입니다. 그리고 시간이 지남에 따라 스타트업은 성장하고, 창업자의 역할은 줄어들게 됩 니다. 이상적으로는 공동창업자는 창업 초기 단계에서는 회사를 시작하는 역할을, 그리고 이후 단계에서는 회사를 이끄는 역할을 수행할 수 있으면 좋습니다.

공동창업자는 처음부터 완전한 팀을 구성하려 들지 않아도 됩 니다. 예를 들면, 영업담당 부사장 또는 고객 담당 부사장은 많은 경우 기업 여정의 다음 단계에서 더 쉽게 뽑을 수 있습니다. 일부 스타트업은 경영진을 너무 일찍 채용하는 실수 때문에 공동창업 자 수가 너무 많아지는 문제를 겪기도 합니다. 이것은 주된 창업 자가 나중에 풀어야 할 과제 중 하나가 되기도 합니다. (아래, 창업 자 당면 과제 #1 참조).

창업자들이 기업 문화를 결정합니다.

제품이 회사의 근육이고, 창업팀이 두뇌라면, 문화는 회사의 영혼 입니다.

창업자들이 기업 문화를 결정합니다. 그들은 초기 경영진을 구 성하고, 실행 속도를 설정하고, 새로운 팀원에게 방향과 영감을 제시합니다. 그리고 처음 20명을 채용할 때쯤이면 이미 기업 문화가 정해져버린다는 것을 알아야 합니다.

따라서 창업자는 ① 기업 문화를 어떻게 설정하고 구축할지에 대해 적극적으로 행동하거나, 또는 ② 기업 문화가 유기적으로 진화하도록 유도해야 합니다. 둘 다 괜찮습니다. 중요한 것은 의식적으로 그 중 하나를 선택해야 한다는 것입니다. 이 시리즈의 제2권 (『생존을 넘어 번창으로: 기업 구성원의 여정』)에서 이에 대해 자세히 설명합니다. 창업자와 스타트업 문화는 깊이 얽힐 수밖에 없습니다.

창업자 서약: 미션과 자아의 분리

열정과 헌신은 훌륭한 회사를 만드는 중요한 요소지만, 가끔은 회사가 발전함에 따라 부작용을 낳기도 합니다. 특히 창업자가 자신이 잘하는 역할을 넘어서서, 어떤 다른 역할을 놓지 않으려 할 때 그렇습니다. 따라서 CEO를 포함한 창업팀의 모든 구성원은 어느 시점에 물러나야 할지, 이에 대한 진지한 대화를 미리 해두어야 합니다. 특히 회사가 성공한 경우에는 더욱 그렇습니다. 이것은 사람에 관한 것이 아니라 미션에 관한 것이기에, 당연히 그렇게 해야 한다고 여러분은 말할 것입니다. 하지만 여러분 자신이 수년 동안 마음과 영혼을 쏟아부은 역할에서 물러나야 하는 존재가 된다면 생각이 달라지게 됩니다. 그래서 정말, 정말 어렵습니다. 하지만 꼭 필요합니다.

밥 팅커 "모바일아이언이 성장하는 과정 중 어느 시점에서 우리는 모두 기존 역할에서 물러나야 했습니다. 기분이 좋지 않았습니다. 어색하고 이상하더군요. 그러나 이는 회사가 추구하는 미션을 위해, 그리고 그것에 자기를 베팅한 수백 명의 직원과 그들 가족을 위해 옳은 일이었습니다. 자존심 때문에 미션을 방해하는 창업자 드라마보다 좋은 스타트업을 빠르게 망치는 일은 없습니다. 모든 창업자가 창업자 서약을 하는 날이 왔으면 합니다."

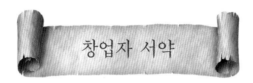

창업자 서약

이것은 미션에 관한 것입니다. 사람에 관한 것이 아닙니다.

- 우리 회사는 나 자신에 관한 것이 아니라, 회사가 추구하는 (…미션…)에 관한 것임을 나(…이름…)는 분명히 약속합니다.
- 나는 사업으로부터 나 개인의 자존심을 분리하기 위해 최선을 다할 것입니다.
- 창업자 자존심 때문에 회사를 망치는 "창업자 드라마"만큼 뛰어난 회사를 망치는 일이 없다는 것을 나는 분명 알고 있습니다.
- 어느 시점에 회사가 나를 넘어서 성장할 만큼 운이 좋다면, 나는 우아하게 한 발짝 물러서서, 성공을 위한 새로운 팀이 구성되도록 할 것입니다.

이상적인 경우는 창업자의 일부 또는 전부가 회사가 발전하고 리더십 역할이 바뀌면서 이에 따라 같이 적응하고 같이 성장해 가는 경우입니다. 하지만 실제로 그런 경우는 흔치 않습니다. 때로 회사는 기능적 임원 수준에 머무르는 창업자의 역량을 뛰어넘어, 더 큰 확장을 해야 합니다. 이런 확장은 정상적인 것으로 전혀 문제가 되지 않는 일입니다. 하지만 중요한 것은 그들이 회사에 그간 기여한 것을 존중하여, 회사에서 새로운 생산적 역할을 찾게 하거나, 다른 일을 할 수 있도록 정중히 성의를 다하여 돕는 것입니다.

창업자 당면 과제 #1: 너무 많은 공동창업자

일부 스타트업은 "너무 많은 창업자" 증후군의 희생양이 되기도 합니다. 창업자 수가 너무 많으면 단기적으로나 장기적으로 문제가 생깁니다. 여기에 대한 분명한 정답은 공동창업자 수는 많은 것보다는 적은 것이 좋다는 것입니다.

스타트업 초기에 공동창업자는 스타트업 운명에 영향을 미치는 여러 중요한 결정을 하게 됩니다. 그런데 공동창업자가 너무 많으면 의사 결정이 복잡해집니다. 창업자 지분 분할이 복잡해집니다. 공동창업자에게 역할을 주기 위해 일부러 조직을 만드는 경우도 생깁니다. 일부 창업자의 역할이 다른 창업자의 역할보다 적어지게 되어, 이는 종종 창업자와 경영진 사이의 불편한 관계로 이어집니다. 나아가 창업자 사이의 관계가 불안정해져 지분 소유권 분쟁이 발생하기도 합니다.

공동창업자를 늘리는 것은 심각한 결정입니다. 공동창업자를 추가하기 전에 다음과 같이 질문해 보십시오. "그가 공동창업자로 적합합니까? 그렇다면 지금 당장 추가해야 할 만큼 회사에 필요한 역량을 지니고 있습니까? 혹시나 기존 창업자나 주요 고문이 대신할 수 있습니까?" 이 마지막 질문에 대한 대답이 "예"인 경우, 지금 공동창업자로 추가하기보다, 나중에 그를 (혹은 다른 사람을) 임원으로 채용하는 것이 더 나을 수 있습니다.

창업자 당면 과제 #2: 지분 분할

창업자 사이의 지분 분할은 어떻게 해야 합니까? 이것은 재무적 문제이자 또한 감정적 문제이기도 합니다. 모든 상황이 다르며, 데이터와 비교자료를 기준으로 이를 결정할 수도 없습니다. 창업자들은 공정성, 창업 아이디어 기여도, 가져다줄 가치, 이전의 관계, 시기, 대안 등에 대해 서로 다른 견해를 갖고 있습니다. 이 모든 사항을 한꺼번에 수용하기는 어렵습니다. 이 질문에 대한 대답은 각 창업팀의 다양한 스펙트럼에 따라 여러 다른 모습으로 나타날 수밖에 없습니다. (〈그림 2〉 참조)

〈그림 2〉에서 스펙트럼 왼쪽 끝의 경우, 모든 창업자는 동일한 지분을 갖습니다. 스펙트럼 오른쪽 끝의 경우, 업계에서 정평이 난 창업자이자 CEO인 한 창업자가 가장 큰 지분을 받고 다른 창업자들은 나머지를 나눕니다.

공동 창업자가 4명일 경우

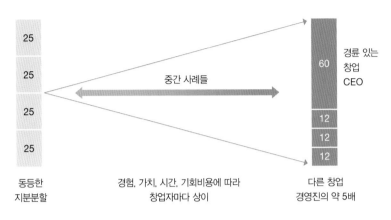

그림 2: 공동 창업자가 4명일 경우 지분 분할의 범위

스펙트럼 오른쪽 끝의 경우 창업 CEO와 다른 창업 경영진에게 주어지는 지분의 비율은 일반적으로 5:1이며, 창업 경영진이 장기 경영진이 될 가능성이 없는 경우에는 더 낮을 수도 있습니다.

어려운 것은 대부분의 창업 상황이 그 중간에 있다는 것입니다. 창업자마다 다른 가치와 경험을 스타트업에 가져다줍니다. 어떤 창업자는 이번 창업에 합류하기 위하여 다른 기회를 포기하기도 합니다. 이 모든 것이 고려되어야 합니다. 그리고 모두가 이해할 수 있는 방식으로 이루어져야 합니다. 경우에 따라 지분 격차를 해소할 유용한 도구로 쓸 수 있는 것이 "미래 지분 부여권"입니다. 제품 출하 또는 고객 확보 같은 특정 사업의 성과에 따라 관련 창업자에게 지분을 추가로 부여하는 것입니다. 그러나 결론은, 창업자 지분 분할은 항상 까다롭고 매우 개인적 사항이라는 것입니다.

> **남태희** "창업자 지분 분할 결정은 오랫동안 회사에 영향을 미칩니다. 여러 회사의 경우에서 볼 수 있듯이, 공동창업자들은 회사 창업 후 수년이 지나서도, 또는 여러 번의 추가 지분을 배분받은 후에도 처음 지분 분할에 대하여 '불공평성'을 제기하는 경우가 있습니다. 저는 창업자 지분 분할이란 경제학 그 이상이라는 것을 알게 되었습니다. 창업자에게 지분 분할이란 개인의 가치에 대한 메시지로 읽히기 때문입니다."

창업자 당면 과제 #3: 창업자 드라마

공동창업자들이 스타트업을 함께하는 것은 결혼과 비슷합니다. 다만, 데이트를 많이 하지 않고 하는 결혼 말입니다. 문제는 안타깝게도 그들이 나중에야 서로 잘 어울리지 않는 것을 알고, 끔찍한 창업자 드라마를 써 내려간다는 것입니다. 그렇게 되면 직원들은 어느 편에든 서야 합니다. 조직의 결정 능력은 마비되고, 회사의 문화는 손상됩니다. 회사, 직원, 투자자에게도 부차적 피해를 주는 이혼과 같습니다. 창업자 드라마가 생기는 몇 가지 일반적 이유는 아래와 같습니다.

• **창업자들이 비전, 방향, 가치 또는 문화에 서로 동의하지 않는 경우**: 초창기 스타트업의 매우 높은 스트레스 상황에서는 아주 작은 의견 차이도 확대되어 보입니다.

- **누가 CEO 역할을 하는지 분명하지 않은 경우:** 창업 초기에는 리더십 역할이 유동적입니다. 때로는 CEO가 아닌 창업자가 초기 자본의 대부분을 조달하기도 하기 때문입니다. 그러나 결국 최종 결정을 내릴 수 있는 한 명의 CEO가 필요합니다. CEO 역할을 누가 하는지 분명하지 않거나 잠재적 적개심이 서로에게 숨어 있을 때 회사는 지저분한 정치판이 되어버립니다.
- **한 창업자가 다른 창업자만큼 기여하거나 역할을 감당하지 못하는 경우:** 창업자는 모두가 자신의 무게를 짊어져야 합니다.
- **공동창업자들이 지분 배분에 대해 동의하지 않는 경우:** 자본을 조달하고 직원들에게 지분을 배분한 후, 나머지 지분은 때때로 창업자 모두를 만족시키기 충분하지 않습니다. 앞의 세 가지 원인에 대하여 서로의 의견이 일치하지 않는 경우, 이 문제는 더욱 확대되어 나타납니다.

창업자 드라마는 직원과 투자자를 짜증 나게 하고 포기하게 만듭니다. 창업자 드라마는 스타트업을 빠르게 망칠 수 있습니다. 일부 스타트업은 신속하고 단호하게 대응하는 CEO와 이사회가 있어서 창업자 드라마에서 살아남을 수 있지만, 창업자 드라마에 대한 최선의 접근 방식은 처음부터 이러한 일이 생기지 않도록 하는 것입니다. 이는 누군가를 공동창업자로 받아들이기 전에 열심히 숙고하는 것을 의미합니다. 창업자 후보와 함께 일하는 것이 어떤 것인지 그리고 그의 비전, 가치, 문화, 공정성 및 권위가 우리 스타트업이 추구하는 기본 규칙에 얼마나 잘 부합하는지 신중하게 살펴보십시오.

사업 개척: 생존을 위한 현명한 창업팀 구성

창업자와 초기 직원들로 구성된 창업팀은 사업을 개척하게 됩니다. 그들은 아무것도 없는 상황에서 회사를 개척하는 미션을 가지고 승선한 것입니다. 이 초기 창업팀은 스타트업의 문화와 성공의 기초가 됩니다. 여기에는 기술이 중요하고, 사람 사이의 케미가 중요하고, 열정이 중요하고, 행운 또한 중요합니다.

낭만적으로는, 초기 창업팀이 되는 것은 스타트업을 성공한 비즈니스로 이끌 짜릿한 여정에 동참하는 것입니다. 실제적으로는, 생존하고 고객을 확보하고 심한 압박 속에서 갈등을 해결하고 새로운 자본조달을 위해 설정 목표를 달성하려고 갖은 힘을 다하는 여정을 함께하는 것입니다. 결론적으로, 그들은 좋을 때와 나쁠 때 모두를 같이 겪게 됩니다.

초기 창업팀의 임무는 간단합니다. 사람과 자본을 끌어들일 만큼 충분히 입증된 창업 아이디어로 창업 초기 단계를 살아남아, 다음 단계로 나아가는 것입니다. 즉, 사람과 자본을 끌어들이는 중력을 만드는 것입니다.

그러고는 다음 마일스톤을 향해 나아갑니다. 다음 장의 주제인 제품-시장 최적화를 하는 것입니다. 초기 창업팀의 규모는 클 수 없습니다. 자본이 부족하여 한 푼의 돈이라도 아껴 써야 하기 때문입니다. 그래서 창업 초기에는 특정 기술의 고객이나 시장을 찾을 수 있는 사람을 채용해야만 합니다. 창업팀은 회사의 미션에 대한 이상적 열정과 매달 생존을 위해 몸부림쳐야 하는 실제적 현실 사이에서 균형을 잡아야 합니다.

초기 투자자: 공동창업자를 선택하듯이 선택합니다

창업자의 관점에서 초기 투자자, 특히 이사회에 참여할 주요 투자자를 선택하는 것은 공동창업자를 선택하는 것과 유사합니다. 먼저, 믿음이 있어야 합니다. 투자자가 아직 입증 안 된 창업 아이디어에 베팅하려면 믿음이 필요합니다. 공동창업자가 가져야 하는 수준의 믿음입니다. 창업 아이디어와 창업팀에 대한 믿음도 있어야 합니다. 다음으로, 잘 맞아야 합니다. 공동창업자와 잘 맞아야 하고, 시장과 위험에 대한 관점 또한 잘 맞아야 합니다. 그리고 신뢰가 중요합니다. 신뢰와 진솔함으로 연결된 탄탄한 관계는 불가피한 기복으로 회사가 힘들 때 버팀목이 됩니다. 초기 투자자는 자본뿐 아니라 기업의 전문성과 네트워킹에도 기여하여 회사가 창업 초기 단계를 넘어 제품-시장 최적화 단계에 이르고, 그다음 단계로 나아가도록 도움을 줄 수 있어야 합니다.

초기 투자자를 찾는 과정에서 생길 수 있는 부작용에 대해서도 생각해야 합니다. 특별한 경우가 아니라면 초기 투자자 발굴에는 시간이 걸리고, 또 여러 투자자를 만나게 됩니다. 안타깝게도 이 과정에서 종종 투자 커뮤니티를 교육하게 되어 잠재적 경쟁자의 자금조달을 가속화하는 부작용이 생기기도 합니다. 당연히 조심 해야겠지만 그렇다고 지나치게 비밀스러운 것은 효과적이지 않습 니다. 결국 중요한 것은 '투자를 받는' 것입니다. 투자를 잘 받는 회사가 이기는 것입니다.

창업 경로는 비선형이며 불편함으로 가득합니다

창업 초기 단계를 통과하려면 스타트업은 창업 아이디어를 정제 하고, 창업팀을 구성하고, 주요 고문을 위촉하고, 초기 자금을 조 달하고, 대상 고객을 만나고, 제품을 정의하고, 개발을 시작해야 합니다. 이 모든 것이 중요하고 필요합니다. 모두 서로 연관되어 있습니다. 하지만 어떤 순서로, 어느 것부터 시작해야 할까요?

처음 창업하는 창업자는 (특히, 일반 기업에서 오랜 경험을 가진 창업자 는) 창업의 여러 단계가 선형 경로이거나 선형 프로세스이기를 바랍니다. 하지만 일반적으로 그렇지 못합니다. 창업 경로는 수립 계획과 실행 편의성이 비선형적으로 뒤엉키는 경향이 있습니다.

고객 인터뷰를 잘해 놓으면 창업 아이디어를 정제하는 데 도움이 됩니다. 그리고 중요한 고문이나 고객을 소개받으면서 창업 아이디어에 큰 변화가 생기기도 합니다. 초기 팀원을 찾고 투자자를 찾는 네트워킹 노력은 예상대로 흘러가기도 하지만, 가끔은 우연한 행운이 따르기도 합니다. 잠재적 고문과 만난 기회가 제품 요구사항 정립에 큰 도움이 될 이상적 고객과 만나는 기회로 연결되기도 합니다. 그들의 도움으로 초기 자금을 조달하고, 초기 팀원을 채용하기도 합니다.

창업자는 학습하고, 빠진 틈새를 메우고, 초기 성과를 내기 위하여 한 영역에 집중해서 에너지를 쏟다가 다른 영역에 에너지를 써야 합니다. 아마 그들은 시제품 제작에 하루를 보내다가, 다음 하루는 고객을 인터뷰합니다. 하루는 네트워킹, 하루는 투자자 미팅, 하루는 새로운 접근 방식에 대한 고민 등으로 보냅니다.

창업자들은 오늘 하는 일이 어제 했던 일 또는 내일 할 일과는 다를 수 있다는 것을 알아야 합니다. 창업 초기 단계를 어떻게 거쳐야 할지 분명하게 정의하기 어렵지만, 이 단계를 끝마치기 위해서 스타트업에 요구되는 것은 분명합니다. 그것은 자본조달 능력과 제품-시장 최적화를 반복할 능력을 갖추는 것입니다.

앞서 생각하기:
다음 라운드를 쉽게 가져가기 위한 마일스톤

스타트업이 창업 초기 단계를 지나서 자본을 조달했다면 다음 단계는 무엇입니까? 해야 할 일이 많습니다. 창업자는 무엇부터 우선해야 할까요?

답은 이것입니다. 각 단계를 시작할 때, 다음 자금조달 라운드에서 대략 2배의 기업가치로 자금을 조달할 수 있도록 주요 비즈니스 마일스톤(주요 성과 또는 사실에 대한 확인 시점)을 설정한 다음, 이에 도달할 때까지 기존 보유 자금으로 생존하는 것입니다.

이때 마일스톤이란 제품과 고객 유치 두 가지가 모두 시장에서 어느 정도 입증되는 것을 의미합니다. 이것은 창업팀이 실현시켜야 할 통합 목표가 됩니다. 예를 들어, 출시 제품에 대해 다른 고객에게 본보기가 될 수 있는 "X"명의 유료 본보기 고객을 확보하거나, "Y" 매출을 올릴 수 있는 실사용자를 "Z"만큼 확보하는 것 등입니다.

> **남태희** "자기들은 대단한 진전을 이뤘다고 주장하나, 추가 자금을 조달하지 못해 문을 닫는 회사를 보는 것은 드문 일이 아닙니다. 모든 스타트업은 다음 라운드 자금조달을 용이하게 하는 특정 마일스톤을 분명하게 이해해야 합니다."

지나치게 정밀하고 복잡한 마일스톤을 만드는 것은 도움이 되지 않습니다. 신규 창업자, 특히 대기업 임원이었던 창업자는 보기에는 인상적이지만 현실과 마주치면 바로 쓸모없어지는 지나치게 상세한 3~5년짜리 계획으로 시작하는 어리석음을 범하곤 합니다.

모두가 이해하기 쉽고 다음 라운드를 정당화할 수 있는 간단한 마일스톤이 좋습니다. 이런 마일스톤을 갖는 것은 말보다 어렵습니다. 그리고 스타트업의 경우 이런 마일스톤에 맞추어 성과를 내는 것은 엄청난 노력과 또한 언제나 그렇듯이 행운이 필요합니다.

○ 창업 아이디어와 창업팀은 사람과 자본을 유치하기 위해 중력을 만들 수 있어야 합니다.

○ 기술보다는 고객 문제 또는 변혁에서부터 시작합니다. 기업고객은 기술을 위한 기술을 구매하지는 않습니다. 고객과 함께 창업 아이디어를 입증하는 숙제를 해야 합니다.

○ 적절한 공동창업자의 선택이란 사람과 역량 둘 다가 맞아야 하는 것입니다. 창업자는 서로 다른 역량을 가져야 합니다. 공동창업자 수를 최소화해야 합니다. 창업자와 초기 창업팀이 스타트업의 기업 문화와 직업윤리를 결정한다는 것을 알아야 합니다.

○ 창업자 서약을 합니다: 미션과 자아를 분리합니다. 기업을 너무 붙잡고 있는 창업자들은 회사 성장을 저해하는 드라마를 쓰게 됩니다. 이에 대비하여 초기에 성숙한 대화를 해야 합니다.

○ 초기 투자자를 선택하는 것은 공동창업자를 선택하는 것처럼 해야 합니다.

○ 창업 초기 단계를 통과하는 과정에서는 수립 계획과 실행 편의성이 비선형적으로 서로 뒤엉키곤 합니다.

○ 각 단계가 끝날 때는 다음 단계의 자본조달을 쉽게 할 수 있도록, 미리 계획하여 필요한 마일스톤을 설정합니다.

NOTE

제2장

제품-시장 최적화

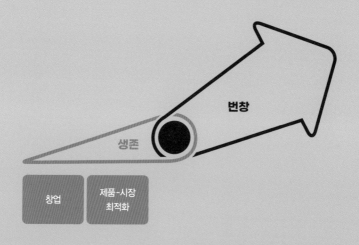

기업 대상 B2B 스타트업이 창업 아이디어, 창업팀, 인재와 자본 유치에 충분한 중력을 갖추었으면, 이제 아이디어를 고객이 원하는 제품으로 만들기 위해 노력을 다해야 합니다.

창업팀은 지속적으로 창업 아이디어로부터 제품을 개발하고, 그것을 개선하기를 반복합니다. 그들은 초기 고객을 발굴하고 중요한 역할을 할 초기 팀원을 채용합니다. 그들은 여기저기서 그리고 이것저것 모든 것에 대한 피드백을 엄청나게 받게 됩니다. 시끄러워 정신이 없고 혼란스러울 지경입니다.

그렇다면 이 단계에서 성공의 척도는 무엇입니까? 잠 못 이룬 밤의 숫자입니까? 몇 줄의 코드를 작성했는가입니까? 제품 요구사항의 충족입니까? 투자자의 행복입니까?

아닙니다.

제품-시장 최적화 소개

이 단계에서 성공의 척도는 제품-시장 최적화를 달성했는가 하는 것입니다.

제품-시장 최적화는 중요한 마일스톤이며 잘 정립된 개념입니다. 이를 정의한 자료와 찾는 방법은 널리 알려져 있습니다. 그러나 그 내용들은 주로 소비자 대상 B2C 스타트업을 위한 제품-시장 최적화에 치우쳐 있습니다. 여기서 우리는 기업 대상 B2B 스타트업을 위한 제품-시장 최적화는 어떻게 다른지를 논의하고, 이를 달성하려면 마주하게 되는 특유의 문제들을 다룹니다.

(제3장 맛보기: 제품-시장 최적화는 기업 대상 B2B 스타트업에 매우 중요한 마일스톤이기는 하지만, 성장을 도모하기에는 이것만으로 충분하지 않습니다.)

기업 대상 B2B 스타트업을 위한 제품-시장 최적화는 다릅니다

유료 본보기 고객

소비자 대상 B2C 비즈니스에서 제품-시장 최적화란 보통 고객이 채택하도록 하거나 사용하도록 하는 것으로 정의됩니다. 기업 대상 B2B 비즈니스의 제품-시장 최적화는 이와는 다릅니다.

기업 대상 B2B 비즈니스의 제품-시장 최적화는 단순히 채택과 사용에 관한 것이 아닙니다. 유료 본보기 고객이 있어야 합니다. 유료 본보기 고객이란 영어로 'Paying Reference Customer'로 ① 당신에게 비용을 지불하고, ② 당신의 제품을 적극적으로 사용하고, ③ 이를 다른 고객에게 기꺼이 추천해 주는 고객을 말합니다. 유료 본보기 고객을 확보하는 것이 바로 기업 대상 B2B 제품-시장 최적화의 핵심입니다.

물론 몇 가지 예외는 있습니다. 예를 들어, 스타트업이 "기본무료/고급유료freemium" 비즈니스 모델을 지향하는 경우입니다. 즉, 스타트업 초기의 기본 서비스는 많은 고객에게 무료

freemium, 기본무료/고급유료
Free와 Premium의 합성어이다.

로 제공하여 그들이 기본 서비스에 엮이게 하고, 그런 다음 출시하는 추가 고급 기능은 돈을 받는 비즈니스 모델입니다. 따라서 기본무료/고급유료 모델에서는 초기제품 사용이 반드시 고객의 비용지불을 의미하지는 않습니다. 그러나 이 경우에도 B2B 제품-시장 최적화란 무료에서 유료로 전환할 수 있는 스타트업의 능력을 검증하는 작업을 포함해야 합니다.

제품-시장 최적화 달성 여부: 어떻게 알 수 있을까요?

고객, 시장 및 팀원들로부터 서로 다른 반응, 여러 다양한 피드백을 받을 수 있기 때문에 B2B 스타트업이 제품-시장 최적화를 달성했는지 여부를 판단하는 것은 혼란스러울 수 있습니다. 그러면 제품-시장 최적화의 달성 여부는 어떻게 알 수 있을까요?

밥 팅커 "우리가 알아낸 것은 창업자와 제품개발팀이 제품-시장 최적화 여부를 결정하지 않는다는 것입니다. 고객과 영업팀이 이를 결정합니다. 제품-시장 최적화가 일어나면, 당신은 그것을 보고 느낄 수 있습니다. 고객은 기꺼이 돈을 내려 합니다. 고객은 당신과 당신 제품에 소중한 시간을 쏟습니다. 영업담당자는 고객과 다음 미팅을 잡기가 쉬워졌음을 느낍니다. 고객이 제품을 사용하게 되면서 요청사항도 많아져 쌓이기 시작합니다."

 일반적 실수는 제품 중심의 어떤 마일스톤을 달성한 뒤, 몇몇 시범 고객을 유치하고는 제품-시장 최적화가 되었다고 선언하는 것입니다. 제품개발팀이 이렇게 제품-시장 최적화를 결정해서는 안 됩니다. 고객이 제품-시장 최적화를 결정해야 합니다. 고객이 돈과 시간으로 그것을 보여주어야 합니다.

B2B 제품-시장 최적화에는 세 가지 특정 징후가 있습니다.

- **유료 고객**: 이것은 큰 성공의 신호입니다. 보다 구체적으로는 이 관점에서 보시면 됩니다. 초기고객 내부의 우리 제품 선호자가 자기 목을 걸고 상사에게 "당신이 들어본 적도 없는 아직 2년도 되지 않은 이 작은 회사의 신제품을 구매해서 써보고 싶다"라고 얘기한다는 것입니다.
- **실제 사용**: 고객이 비용을 지불하는 것만으로는 충분하지 않습니다. 결국 중요한 것은 고객이 실제 운영 상황에서 우리 제품을 사용하는 것입니다. 아이러니하게도, 제품에 문제가

있을 때 고객 불만이 커진다면 그것은 우리 제품이 중요하다는 신호이기도 합니다 (그러나 그런 문제가 없다면 더욱 좋겠지요).

- **추천/입소문**: 고객은 동료에게 제품을 추천하기 시작하고, 회사에 잠재고객들의 문의가 빠르게 늘어납니다.

제품-시장 최적화: 숲속에서 길 찾기

제품-시장 최적화는 숲속에서 길 찾기와 비슷합니다. 먼저, 창업 아이디어에서 시작합니다. 그런 다음, 창업 아이디어와 제품에 대해서 지속적으로 의견을 듣고, 개선해 나가는 과정의 반복입니다. 창업 아이디어와 제품에 대해 처음 가졌던 생각이 실제 고객과의 접촉 후에도 완벽하게 그대로 유지되는 경우는 거의 없습니다. 처음 가졌던 개념의 주변에서 고객이 고통과 수요를 크게 느끼는 핫스팟Hot spot이 있는지 살펴보십시오. 아마 살펴야 할 곳이 적지 않을 것입니다. 그렇게 노력하고 행운이 따르면 제품-시장 최적화에 이르는 핫스팟으로 접근해 갈 수 있습니다. 숲속에서 길 찾기는 이처럼 체계적 분석, 반복, 탐색 그리고 제품에 대한 직관 등이 모두 섞여 있는 혹독하고, 복잡하고, 말이 많고, 잘못될까 두려운 경험입니다.

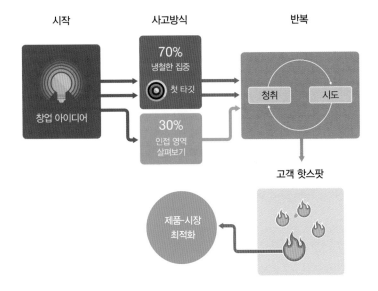

그림 3: 창업 아이디어에서 제품-시장 최적화까지의 과정

제품-시장 가설에서 시작

제품-시장 최적화를 하려면, "특정 고객군(시장)이 경험하는 심각한 불편사항에 대해 매력적 해결책(제품)을 찾아낸다"라는 가설에서 시작하십시오. 이 가설에서 시작하면서, 다음 세 가지 중요한 일을 수행해야 합니다.

- 타깃에 맞는 고객 찾기
- 고객이 수용할 최소 기능의 제품을 반복 작업으로 찾아내기
- 고객의 관심을 확인하기

집중하되 인접 영역에도 열려 있어야 – 설령 이단처럼 보일지라도

일부, 특히 열정적 창업자들이 시작한 스타트업은 초기의 제품-시장 가설에 너무 주관적으로 집중합니다. 집중은 좋은 것이지만 너무 범위를 좁혀 교조적으로 되면 위험합니다. 초기의 제품-시장 가설이 현실 세계와 접촉한 후에도 그대로 유지되는 경우는 거의 없기 때문입니다. 종종 약간 다른 고객군이나 인접 불편사항이 더 매력적 "핫스팟"으로 드러나고, 제품-시장 최적화 기회로 판명되곤 합니다.

제품-시장 가설에 대해 초기에 가졌던 초점에서 시작은 하지만, 인접 고객군 및 인접 불편사항까지 담을 수 있는 조금 더 큰 그물

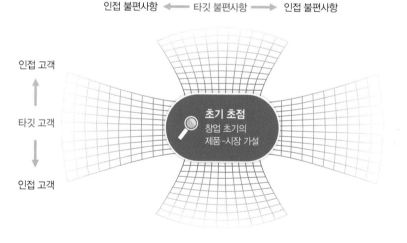

그림 4: 인접 고객 불편사항 및 인접 고객군으로 그물 넓게 던지기

을 던지십시오.

처음 생각했던 제품-시장의 인접 영역을 살펴보는 것은 공짜로 되지 않습니다. 원래 아이디어에서부터 자원을 돌려써야 하기 때문입니다. 이에 대한 엄격한 법칙은 없지만, 20~30%의 에너지를 초기 초점의 인접 영역을 살펴보는 데 사용하면 잠재적 핫스팟을 대부분 감지할 수 있습니다. 고객이 어떤 문제로 골치 아파하는지 물어봅니다. 의도적으로 다른 고객군을 만나봅니다. 만약 우리가 이런저런 솔루션을 가지고 있다면 그게 어떤 의미가 있을까 하며 고객의 속내를 들어봅니다. 그들과 탐색적으로 토론을 진행하기 위해, 준비한 자료를 수정하면서 제품 발표를 달리해 봅니다. 디지털 마케팅, 시제품 또는 모형품으로 인접 영역을 테스트해 봅니다. 인접 영역을 테스트하려면 초기 영업 활동이 조금 복잡해집니다. 왜냐하면 그 내용이 조금 변해야 하며, 그것도 상황에 따라 영리하게 변해야 합니다. 이런 접근은 창업자와 최초 개발자에게 감정적으로 쉽지 않을 수 있습니다. 그들은 자기 창업 아이디어의 열정적 신봉자이기 때문입니다. 다른 것을 추구하면 이단처럼 보이기 때문입니다!

중요하지만 잘 알려지지 않은 사항: 고객 데이터 수집

올바른 고객 데이터를 수집하는 것은 매우 중요한 사항입니다. 첫 번째로는, 필터링되지 않은 데이터를 수집해야 합니다.

남태희 "우리 회사 창업자는 잠재고객과 관계를 맺음으로써 필터링되지 않은 가치 있는 데이터를 모을 수 있는 특별한 재능을 가지고 있었습니다. 그는 원래의 제품-시장 가설에 맞도록 데이터를 필터링하려 들지 않았습니다. 정말로 고객이 말하는 그대로를 들었습니다. 그런 의견을 바탕으로 우리는 원래의 가설에서 벗어나, 다른 핫스팟을 찾아, 제품-시장 최적화를 달성할 수 있었습니다."

두 번째로는, 고객 데이터를 체계적으로 수집해야 분석을 가속화할 수 있습니다. 공통된 틀과 질문 목록으로 시작하여, 편견 없이 비교 가능한 정보를 수집합니다. 시간이 지남에 따라 그 틀과 질문을 수정해 나가면서 스타트업에 가장 중요한 정보에 초점을 맞추어 갑니다.

고객 인터뷰: 냉정한 피드백과 배움을 주는 고객을 찾는다.

보통 첫 번째 고객 미팅은 창업자가 이미 알고 있거나 혹은 고문이나 투자자로부터 소개받은 "친절한" 잠재고객과 하게 됩니다. 이런 고객은 자세하고 솔직한 피드백을 제공하기도 하지만, 기존 관계 때문에 약간의 편견이 끼어들기도 합니다.

고객 인터뷰는 친절한 고객과 대화하는 수준을 넘어서야 합니다. 타깃 시장을 대변하는 고객을 찾아야 합니다. 냉정한 피드백을 얻어야 합니다. 특히 "배움을 주는 고객"을 눈여겨봐야 합니다. 배움을 주는 고객이란 스타트업이 반복해서 제품-시장 최적화를 해나갈 때 이에 도움이 되는 비전(미래 모습)과 실용성(고객에게 유용성과 구매성)에 대한 혜안을 가지고 이를 가르쳐주는 사려 깊은 잠재고객을 말합니다.

테스트 베드로서의 디지털 마케팅

검색광고와 이메일 캠페인 같은 디지털 마케팅은 초기 고객의 관심을 테스트하고 초기 제품이 준비되기 전에 초기 고객 피드백을 수집하는 데 도움이 됩니다.

초기 고객의 관심을 테스트하려면, 고객의 다양한 불편사항을 중심으로 유료 검색광고를 하고는 고객 반응을 살펴봅니다. 또는 유료 검색광고를 이용하여 다양한 형태의 솔루션을 보여주는 방문 페이지로 트래픽을 유도하여 고객 반응을 살펴봅니다. 불편사항이나 솔루션에 대하여 생각이 다른 여러 잠재고객에게 이메일을 보내어, 그들의 반응과 행동을 (예를 들면, 열기, 클릭, 다운로드, 등록 등등) 측정합니다.

고객 불편사항, 솔루션, 타깃 고객 등을 체계적이고 대규모로 테스트할 수 있게 하는 디지털 마케팅 기능은 고객과의 직접 인터뷰를 효과적으로 보완하는 기능을 하게 됩니다. 디지털 마케팅은 스타트업이 이전 관계를 통해서는 연결되지 못했던 잠재고객으로부터 피드백을 수집할 수 있게 합니다.

> **남태희** "한 CEO는 시제품을 잘 만드는 개발자는 아니었지만, 영업과 디지털 마케팅에는 뛰어났습니다. 그래서 그는 제품 개발에 앞서 웹사이트와 콘텐츠 마케팅을 통해 잠재적 제품-시장 최적화 아이디어를 테스트했습니다.

후속 영업활동으로 연결된 이 웹사이트와 콘텐츠 마케팅 결과는 더 매력적인 접 핫스팟을 알게 해주었고, 이에 따라 회사의 방향을 바꾸어서 제품-시장 최적화를 달성할 수 있었습니다."

제품-시장 최적화 정립:
반복된 청취와 개선으로 20여 명의 유료 고객 확보

유료 고객 20여 명을 확보하기까지의 제품-시장 최적화를 해내는 과정은 그냥 앞으로 나아가기만 하면 되는 과정이 아닙니다. 반복하고 또 반복해야 하는 과정입니다. 먼저 듣고, 그런 다음 변경하고, 그러고는 다시 듣습니다. 이렇게 고객 불편사항의 해결방안 집합을 찾을 때까지 계속해서 반복하는 과정입니다.

왜 20여 명의 유료 고객입니까? 우리가 적당하다고 생각한 숫자입니다. 그 적당한 숫자는 스타트업마다 다를 수 있습니다. 핵심은 당신 제품이 해결하고자 하는 공통 문제를 가진 유의미한 숫자의 고객을 가져야 한다는 것입니다. 당연히 비용을 지불할 의사가 있는 유료 고객이어야 합니다.

유료 고객 20여 명을 확보하기까지는 여러 일이 많을 것입니다. 영업 파이프라인 속으로 들어오는 거래가 있는가 하면, 파이프라인에서 나가는 거래도 있습니다. 고객마다 문제나 솔루션에 대한 견해가 조금씩 다릅니다. 스타트업 내부의 많은 사람이 당연하게 여러 고객과 직접 대화하고 있습니다. 충분한 고객 피드백을 받지 못하는 문제가 아니라, 가끔은 너무 많은 피드백을 받아 이 모두를 신경 써야 하는 문제가 발생합니다. 그래서 체계적 고객 피드백을 받는 것이 분석에 정말 도움이 됩니다. 이러한 초기 피드백을 평가하느라 초기 단계의 스타트업에서 불화가 생겨나기도 합니다. 특히 그 피드백이 회사가 가졌던 초기 제품-시장 가설에서 벗어나야 한다는 것을 가리키는 경우는 더욱 그렇습니다.

- **확증 편향을 조심하십시오.** 초기 가설이 옳다는 피드백만 듣는 것은 위험합니다. 이것은 아이러니하게도 경험이 많거나 열정적인 창업자에게는 더욱 위험합니다.
- **고객이 가장 잘 알고 있습니다.** 벤처캐피털이 선정한 이사회 멤버의 의견을 지나치게 중시하면 회사가 잘못된 길로 갈 수 있습니다. 벤처캐피털이 제품을 구매하지는 않습니다. 고객이 제품을 구매합니다. 그리고 시장 데이터가 개별적 의견보다는 우선시되어야 합니다.

제품-시장 최적화 핫스팟의 선택: 생각보다 어렵습니다.

핵심 타깃에 너무 좁게 초점을 맞추다 보면 회사는 극소수의 유료 고객밖에 확보하지 못하고 인접 핫스팟도 놓치기 쉽습니다.

핫스팟을 선택하는 것은 쉽지 않습니다. 가장 견인력이 크게 느껴지는 것은 무엇입니까? 기댈 수 있는 미래를 가진 것은 무엇입니까? 가장 시급한 것은 무엇입니까? 한둘의 그런 것들이 종종 제품-시장 최적화 핫스팟의 후보가 됩니다. 이런 핫스팟에 집중하

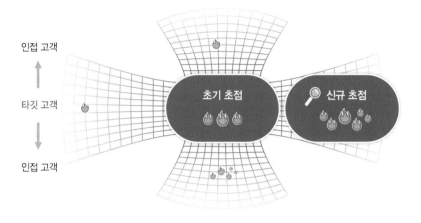

인접 불편사항 ◄━━━━━ 타깃 불편사항 ━━━━━► 인접 불편사항

인접 고객

타깃 고객

인접 고객

초기 초점

신규 초점

그림 5: 큰 불편을 느끼는 고객들이 모여 있어 기회가 발생하는 고객 핫스팟 발굴

여 더 깊이 파보십시오. 반복하고 개선하고 집착하여 20여 명의 첫 고객을 확보하십시오.

남태희 "전자문서 서명 SaaS 회사인 에코사인EchoSign의 경우 핫스팟으로 생각할 만한 여러 사용 사례를 처음부터 가지고 있었습니다. HR제안, 내부 승인, 판매계약, 문서관리 등이었고, 그것 모두 실제 고객 기회를 가진 괜찮은 후보들이었습니다. 그런데 그중 하나가 가장 큰 견인력을 가진 핫스팟이었고, 여기에 가장 큰 고객 기회가 있는 것을 보았습니다. 그것은 에코사인을 사용하여 영업담당자가 영업 계약에 대한 고객 서명의 속도를 높이는 것이었습니다. 그래서 회사는 영업 계약이라는 핫스팟에 집중하여 제품-시장 최적화를 하였습니다."

핫스팟으로 범위를 좁혀나가는 것은 두 가지 이유로 생각보다 어렵습니다. 첫째, 올바른 핫스팟을 선택하려면 현재 정보, 시장 데이터, 그리고 경험에서 얻은 예측들이 모두 제대로 융합되어야 합니다. 둘째, 하나의 핫스팟으로 범위를 좁힌다는 것은 생존 단계의 B2B 스타트업이 그 핫스팟 밖에서 얻을 수 있는 아주 괜찮은 단기적 수익 기회를 고통스럽게 거절해야 하는 것을 의미합니다.

모바일아이언:
초기 가설을 조정하여 제품-시장 최적화 달성

모바일아이언의 제품-시장 최적화 결과는 창업 때 가졌던 초기 가설과는 달랐습니다. 두 가지 인접 핫스팟이 제품-시장 최적화를 촉진할 수 있는 더 매력적 기회로 나타났습니다. 모바일아이언이 그냥 초기 가설에 교조적으로 집착했다면 회사는 훨씬 더 큰 기회를 놓치고, 아마 제품-시장 최적화도 제대로 해내지 못했을 것입니다.

모바일아이언 창업 때의 초기 가설: 스마트폰—주로 윈도우Windows와 노키아Nokia—은 컴퓨터입니다. 기업에 스마트폰을 도입하고 비용을 통제할 수 있는 보안, 관리, 비용절감 솔루션이 필요합니다.

BYOD
Bring Your Own Device의 약자로, 업무용 노트북이나 스마트폰을 회사가 따로 제공하지 않고, 개인 소유의 것을 업무용으로 활용하는 것을 의미한다.

인접 핫스팟: 밝혀진 바와 같이 두 가지 인접 핫스팟은 기업 고객에게 훨씬 더 매력적이었습니다.
(1) 이메일과 모바일 앱을 위한 아이폰 보안.
(2) 개인정보와 업무정보를 분리하는 BYOD 방안.

밥 팅커 "인접 핫스팟을 찾으려면 고객 목소리를 경청하고 인접 영역에 주의를 기울여야 하지만, 또한 운도 같이 따라야 합니다. 우리는 2007년에 모바일아이언을 시작했고, 같은 해 애플이 아이폰을 출시했습니다. 2008~2009년 아이폰은 기업에서 많이 사용되기 시작했습니다. 일부는 회사 소유였고 일부는 직원 소유였습니다. 회사의 IT 부서들은 이런 상황을 힘들어하기도 했지만, 앞으로 어떻게 진행될까 궁금해하기도 했습니다. 그래서 우리는 위험을 감수하고 이런 인접성에 대해 실험했습니다. 우리는 아이폰 중심의 첫 제품 디자인을 포스트잇에 그려 보았고, 그것들은 다음 그림과 같습니다.

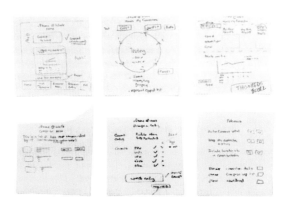

그림 6: 포스트잇에 그려진 아이폰을 대상으로 하는 실험적 제품의 첫 디자인

어떤 사람은 이 실험이 원래 핵심 초점에서 불필요하게 벗어난다고 생각했습니다. 그럼에도 불구하고 반복해 나갔고, 고객과 함께 여러 시도를 해보면서, 우리는 첫 번째 고객 미팅을 더 빨리 가질 수 있었습니다. 고객이 기능을 테스트해 보고 싶어 했습니다. 고객이 다른 고객과 서로 이야기하기 시작하면서, 우리는 많은 문의 전화를 받기 시작했습니다. 우리는 이것이 바라던 답임을 알았습니다. 제품-시장 최적화의 핫스팟을 찾았고, 그런 다음 결코 뒤를 돌아보지 않았습니다."

인게이지오:
제품-시장 최적화로 가는 빠른 경로로
15개월 만에 연반복매출 100만 달러 달성

인게이지오Engagio는 계정 기반의 마케팅 소프트웨어를 제공하는 SaaS 업체이며 여러 번의 창업 경험이 있는 CEO가 이끌고 있습니다. 인게이지오의 창업 CEO인 존 밀러Jon Miller는 이전에 마케토Marketo 의 공동창업자였습니다. 인게이지오는 창업 15개월 만에 연반복매출 ARR 100만 달러로 성장했습니다. 이것은 굉장히 빠른 것으로, 혹시 시간이 더 오래 걸리더라도 실망하지 마십시오. 아래 표는 인게이지오의 시간표에 따른 주요 마일스톤과 그 순서를 보여줍니다.

ARR, 연반복매출
Annual Recurring Revenue 의 약자로, 매년 반복적으로 일어나는 연간 매출을 의미한다.

제품-시장 최적화 및 연반복매출 100만 달러를 향한 최단 경로

고객	50+ 고객 인터뷰	베타 적용이 가능한 고객군	첫 베타 적용	첫 20 유료 베타 고객		25 유료 고객 20 베타 고객 중 6 고객만 잔존	50 유료 고객으로 연반복매출 100만 달러 달성
잠재 고객			강연, 웨비나	관련도서 출간 (1,500 다운로드) 100+ 영업 데모			
직원	2 공동창업자	3 첫 직원 채용	6 고객만족담당 부사장 채용	9		14 첫 영업담당자 2명 채용	16 영업담당 부사장 채용
		시리즈 A 자본조달					

| 0 | 2 | 4 | 6 | 8 | 10 | 12 | 14 | 16 | 개월 |

그림 7: 연반복매출 100만 달러까지의 인게이지오 시간표

- **보완적 역할의 공동창업자 초빙**: 존은 제품, 마케팅, 세일즈에 대

한 경험이 많습니다. 그래서 존은 뛰어난 기술력을 가진 공동창업자를 초빙하였습니다.

- **고객 숙제**: 존은 초기 고객들과 모두 직접 통화하였고 100번 이상의 데모를 통해 초기 제품을 검증함으로써 고객 불편사항을 명확히 이해했습니다. 이 모두 첫 번째 영업 담당자를 채용하기 전이었습니다.

- **자본 조달**: 이렇게 고객 검증에 성공함으로써 인게이지오는 첫 번째 자본조달^{Series A Round}을 성공적으로 마칠 수 있었습니다.

MVP, 최소가치제안
Minimum Value Proposition, 제품이나 서비스가 고객에게 제공할 최소한의 가치에 대한 제안이다.

- **미래 비전을 그리면서 최소가치제안을 반복해서 개선**: 최소가치제안^{MVP}을 설정하면서 고객에게 가치를 신속히 제공하고 그들의 채택 속도를 높이기 위하여, 초기 제품은 기존 타사 플랫폼^{Salesforce} 위에 추가 기능을 제공하는 형태로 진행했습니다. 회사는 간단한 초기 제품을 빠르게 개선하는 동시에, 앞으로 나아갈 제품 로드맵을 남보다 앞서 그려나갔습니다. 이렇게 제품에 대해 남보다 앞서 방향을 설정하고 그 로드맵에 맞추어나가는 것을 보고서, 초기 고객들은 인게이지오에 베팅하기 시작했습니다.

- **제품-시장 최적화**: 인게이지오는 제품을 반복 개선함으로 제품-시장 최적화를 달성하였고, 그 제품을 좋아해서 매일 사용하는 열정 고객의 반응으로부터 성공을 측정해 나갔습니다.

- **고객 관심과 사고적 리더십 생성**: 심지어 초기에도 회사는 사고적 리더십을 보여주면서, 많은 긍정적 고객 관심을 만들어나갔습니다. 그 일환으로, 계정기반 마케팅을 소개하는 책을 출간했는데, 이 책은 두 달 만에 1,500건 이상 다운로드가 발생하였고, 120번 이상의 데모 요청을 받게 하였으며, 수많은 강연과 웨비나 요청이 뒤를 이었습니다.

- **시장진출팀의 채용 순서**: 존이 시장진출팀에 처음 채용한 사람은 영업담당 부사장이 아니었습니다. 대신, 첫 번째 베타 고객이 생기면서 고객만족 담당 부사장을 먼저 채용했습니다. 유료 고객이 25명이 될 때 2명의 영업담당자를 채용했습니다. 그 2명의 영업담당자가 성공을 거둔 뒤에야 존은 영업담당 부사장을 채용했습니다.

제품-시장 최적화의 극복할 점

창업자의 편견 극복

제품-시장 최적화로 연결되는 핫스팟이 초기 가설에서 생각했던 것과 다를 수 있습니다. 이는 전혀 문제 없으며 정상입니다. 인접성 테스트가 기껏해야 시간낭비거나, 최악의 경우 이념적 이단처럼 보일 수 있습니다. 그래도 그런 테스트를 꼭 해보십시오. 제품-시장 최적화와 회사 생존은 바로 이것에 달려 있습니다.

제품-시장 최적화가 애매하게 느껴질 때

제품-시장 최적화가 애매해서는 안 됩니다. 제품-시장 최적화란 제품이 고객 불편사항을 해결하고, 고객이 이를 유용하게 사용함으로써 유료 본보기 고객을 만들어낼 수 있는 것을 의미합니다. 제품-시장 최적화에서의 문제는 고객 불편사항(비즈니스 가치)이 충분히 크지 않거나, 제품 적용대상이 충분히 많지 않거나, 또는 잘

못 정렬된 경우에 자주 발생합니다.

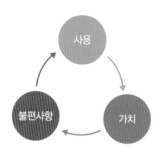

유의미한 사용을 이끌어낼 만큼 고객의 고통이 시급합니까? 그렇다면 근본적으로 시장이 존재한다는 것입니다. 제품의 실제 사용이 제품이 원래 팔린 이유와 의외로 무관합니까? 그렇다면 이는 유효한 인접 영역을 찾을 수 있다는 단서입니다. 불편사항에 따른 고객 고통은 충분히 큰데, 이에 비하여 사용은 저조합니까? 그 이유는 제품의 성능이 아직 부족하거나, 고통은 크지만 발생 빈도는 적어서 가치가 간헐적으로 발생하는 예외적 경우일 수 있습니다. 시장과 제품에 기인하는 이런 문제들은 어떤 것은 쉽게 해결되지만 다른 것은 해결이 어렵기도 합니다.

제품-시장 최적화가 애매해지는 또 다른 원인은 내부 의견이 정렬되지 않은 탓입니다. 한 팀은 고객이 관심을 보이는 고통이나 비즈니스 가치를 마케팅합니다. 반면 다른 팀은 이와는 별개로, 판매 유발과 지속적 사용을 이끌어낼 만큼 고객 고통을 충분히 줄여주지 못하는 다른 사용 사례를 마케팅하기 때문입니다. 그런데 이것은 해결할 수 있는 조직상의 문제입니다. 어느 경우에나 제품-시장 최적화의 핵심은 고객의 당면한 현실적 고통을 해결해 줌으로써 그들이 스타트업 제품을 가능한 한 많이 사용하여 그들 비즈니스에서 가치를 창출할 수 있도록 돕는 것입니다.

일부 초기 고객은 뒤로 남겨지게 됩니다

제품-시장 최적화를 반복해 나감에 따라, 일부 초기 고객이 제품을 구매했던 가치가 최종 핫스팟의 초점 영역에서 벗어날 수 있습니다. 그러면 그들에게 무슨 일이 일어날까요? 그들은 뒤로 남겨지게 됩니다. 당신 제품에 애써 베팅했던 고객들이 이제 궁지에 몰리게 되었습니다. 안타까운 결과입니다.

> **밥 팅커** "노스캐롤라이나의 제약 서비스 회사 하나가 초기 고객이었습니다. 그런데 이 회사가 구매한 기능을 우리는 더 이상 추가 개발하지 않기로 했습니다. 이 회사는 발끈하였으며, 비용을 지불하고 구매한 기능이었기에 그러는 것은 당연했습니다. 우리는 날아가 그들을 만나서, 사과하고, 상황을 설명하고, 환불해 주었습니다. 2년 후, 그 회사는 우리의 주요 제품을 다시 구매하였고, 그 후 오랜 고객이 되었습니다."

제품-시장 최적화의 부작용: 기술부채

기술부채는 제품-시장 최적화를 찾아 나가는 과정에서 제품을 빠르게 반복해 보려 기술적 지름길을 택한 결과로 생겨납니다. 초기 기술부채는 사실상 피할 수 없습니다. 기술부채는 종종 "당신이 해도 욕을 먹고, 하지 않아도 욕 먹게 되는" 그런 문제이기 때문입니다.

기술부채는 걸리적거립니다. 기술부채는 개발을 지연시키고 품질 문제를 일으킵니다. 기술이나 코드를 재정비하는 리팩토링 Refactoring으로 기술부채를 해결할 수는 있지만, 그러려면 얼마 안 되는 가용 자원을 분산해야 하기 때문에 고통스럽습니다. 그러나 기술부채와 리팩토링 둘 다 대부분의 스타트업이 부딪히는 현실입니다. 왜일까요? 기술부채는 제품-시장 최적화를 반복해 나가면서 생기는 자연스러운 부산물입니다. 스타트업이 처음 제품에서 완벽을 추구하면 시장에 늦게 되고, 제품-시장 최적화는 도달하지 못하고, 보유자금은 바닥나고, 곧 죽게 됩니다. 이와는 달리, 실험해 볼 제품-시장 최적화를 찾은 후, 기술부채는 있는 그대로두고, 개발을 가속화하면 스타트업은 시간을 벌 수 있습니다. 즉, 균형의 문제입니다. 기술부채는 스타트업이 생존 단계에서 번창단계로 전환에 성공한 뒤에 걱정할 문제입니다. 그래서 꼭 나쁜것만은 아닙니다.

기술부채란 무엇입니까? 랠리팀RallyTeam의 공동창업자이자 CTO인 후안 호Huan Ho는 기술부채의 발생과 해결에 관해서 아래그림의 스테이크 나이프, 스위스 군용 나이프, 사무라이 검을 예

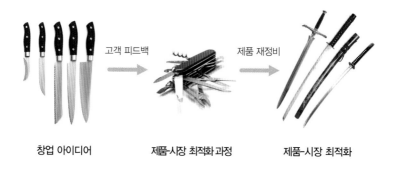

그림 8: 기술부채는 스위스 군용 나이프 같은 것이다.

로 들어 설명합니다.

창업 아이디어란 이 경우 잘 정의된 스테이크 나이프 세트입니다. 제품-시장 최적화를 해나가면서, 고객으로부터 각자의 요구에 맞게 이렇게 저렇게 칼을 수정해 달라는 다양한 피드백을 받습니다. 빨리 제품-시장 최적화를 하여 거래를 성사시키고 싶은 스타트업은 신속하게 반복하여 다양한 모양의 칼을 만듭니다. 그러고는 좋은 소식을 듣게 됩니다. 그런 칼 중 하나로 제품-시장 최적화를 할 수 있었습니다. 그 칼은 날카로운 사무라이 검이었습니다. 그런데 나쁜 소식은, 제품-시장 최적화로 찾은 그 사무라이 검이 스위스 군용 나이프에 박혀 있다는 것입니다. 이렇게 반복으로 인해 생긴 불필요한 칼과 불필요한 복잡성은 기술부채입니다. 기술부채는 확장성에 부정적 영향을 미치고 복잡성을 증가시켜 개발 속도를 늦춥니다. 소용없는 기능 또는 구조의 경직성 형태로 나타나는 기술부채는 생산 규모가 커감에 따라 품질에 있어서 지뢰가 됩니다. 기술부채를 해결하는 방법은 무엇입니까? 사무라이 검으로 최적화되도록 스위스 군용 나이프를 점차 리팩토링하는 것입니다.

기술부채에 대한 조언

- 가능하면, 처음 개발자로 매우 뛰어난 엔지니어링팀을 뽑습니다. 뛰어난 엔지니어는 꼭 지켜야 할 것이 무엇인지, 지름길을 택해도 되는 것이 무엇인지 알고 있습니다.

- 기술부채 리스트를 작성합니다. 그리고 어떤 것은 쉽게 수정할 수 있는 것이고, 어떤 것은 기본 구조를 건드려야 하는 어려운 것인지 분류합니다.
- 여유가 생기면 엔지니어링 역량의 일부를 리팩토링에 할당하여 기술부채를 해결하기 시작합니다. 새로운 버전을 출시할 때마다 조금씩 정리해 나갑니다.
- 기업 문화적으로는, 판매할 새 물건을 만드는 것만큼 리팩토링도 중요하게 여기도록 합니다. 리팩토링은 모든 개발자 업무의 일부라는 기대치를 설정합니다. 잘한 리팩토링을 알아주고 인정해 줍니다. 그런데 이런 문화를 가지는 것은 생각보다 어렵습니다.

제품-시장 최적화의 부작용: 피할 수 없는 조직부채

조직부채는 회사가 성장함에 따라 나타나며 사실상 피할 수 없습니다. 조직부채는 두 가지 형태로 나타납니다. 첫째, 제품-시장 최적화를 향한 과정을 빠르게 반복해 나가면서 사람 수는 모자라고 일부 멤버는 여러 역할을 하게 됩니다. 회사는 초기 팀 멤버에게 다른 역할을 맡게 합니다. 그가 그 일에 적합해서가 아니라, 스타트업이 앞으로 나아가야 하는데 "지금 당장 적당한 사람"이 그밖에 없기 때문에 생기게 되는 조직부채입니다. 둘째, 스타트업이 초기 창업 아이디어에서 방향을 바꾸면 기존의 많은 사람들이 불만을 느끼며 여전히 원래 아이디어에 조용히 (때로는 시끄럽게) 집착하고 있기 때문에 생기게 되는 조직부채입니다.

조직부채에 대한 조언

- 회사가 힘을 받기 시작하면 "지금 당장 적당한 사람" 상황을 해결하기 위해 주요 멤버를 바꾸거나 추가해야 합니다. 묵묵히 조용조용 일하는 채용담당자를 뽑아, 새로 대체할 A급 인재를 개별적으로 스카우트합니다.

- 일부 초기 직원이 새로운 제품-시장 최적화에 정서적으로 귀속되지 못한다면, 그에게 다른 임무를 주거나 우아하게 퇴장하게 합니다.

제품-시장 최적화 달성: 대단한 마일스톤

드디어 모든 것이 하나로 합쳐집니다. 수많은 반복, 끝없는 고객 미팅, 긴 낮과 밤을 거쳐, B2B 스타트업은 제품-시장 최적화를 달성합니다. 이제 이 스타트업은 시급한 고객 불편사항의 핫스팟, 동작하는 제품, 다른 고객에게 추천해 주는 유료 본보기 고객을 갖게 됩니다.

　제품-시장 최적화를 달성한 것은 B2B 스타트업 여정에서 대단한 마일스톤에 도달한 것입니다. 자랑하고, 축하합시다.

　스타트업은 제품-시장 최적화를 향해 반복해 나가면서 많은 것을 배웁니다. 얻은 고객뿐만 아니라 잃은 고객에게서도 배웁니다. 빠르게 움직인 고객뿐만 아니라 느리게 움직인 고객에게서도 배웁니다. 이런 배움은 제품-시장 최적화에 도움이 될 뿐 아니라, 기업 성장의 다음 단계인 시장

진출 최적화에 있어서도 중요한 내용이 됩니다.

○ 기업 대상 B2B 제품-시장 최적화는 소비자 대상 B2C 제품-시장 최적화와는 다릅니다. B2B 제품-시장 최적화는 제품을 사용해 보고 다른 고객에게 추천해 주는 유료 본보기 고객이 있어야 합니다.

○ 제품-시장 최적화로 가기 위해서는 경청하고 실험하는 것을 반복해야 합니다. 그리고 제품뿐만 아니라, 타깃 고객과 고객 불편사항에 대해서도 그런 반복을 거듭해야 합니다.

○ 너무 일찍 초점을 좁히는 것은 초점이 넓은 것만큼이나 위험합니다. 실제 제품-시장 최적화는 초기 아이디어 주변에서 일어날 수 있습니다. 제품-시장 최적화로 이어지는 고객 핫스팟을 찾으려면 종종 초기 아이디어를 중심으로 약간 더 넓은 그물을 던져야 하는데, 이는 열정적 창업자에게는 이단처럼 느껴지기도 할 것입니다.

○ CEO, 제품개발팀 또는 투자자가 제품-시장 최적화를 결정하는 것이 아닙니다. 고객과 영업팀이 결정합니다.

○ 제품-시장 최적화를 하려면 어떨 때는 초기 고객을 그냥 뒤로 남겨둬야 합니다. 매우 미안한 일이지만, 어쩔 수 없습니다.

○ 제품-시장 최적화는 생존 단계에서 달성해야 하는 대단한 마일스톤입니다. 하지만 거의 대부분의 경우 기술부채와 조직부채 같은 여러 문제를 수반하게 됩니다.

○ 제품-시장 최적화는 기업 대상 B2B 스타트업에 더없이 중요하지만, 이것만으로는 기업 성장을 꽃피우기에 충분하지 않습니다. 다음 단계인 시장 진출 최적화를 준비해야 합니다.

시장진출 최적화

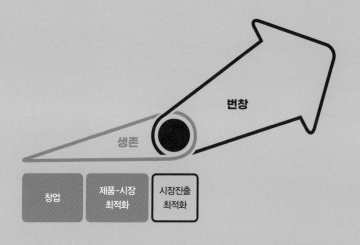

생존

번창

| 창업 | 제품-시장 최적화 | 시장진출 최적화 |

많은 기업 대상 B2B 스타트업은 제품-시장 최적화를 달성하면, 마치 도약할 준비가 다 된 것처럼 생각합니다. 그래서 이렇게 마음먹습니다. "우리는 제품-시장 최적화를 이루었다! 이제 앞으로 전진한다! 영업담당자를 고용하고, 마케팅에 투자한다! 비용을 쓴다!"

그런데 우울한 현실이 자주 끼어들기 시작합니다. 판매가 급등하기는커녕 계속 벽에 부딪힙니다. 영업과 마케팅 자원을 급하게 늘렸지만, 이에 비하여 신규 고객은 어쩌다 한 번씩 산발적으로 늘어나는 데 그칩니다.

"영업팀을 고용하고 마케팅에 투자했는데, 늘어난 것은 현금 소진뿐입니다. 어떻게 해야 할지 모르겠고, 투자자들은 불안해합니다. 무엇이 잘못된 것일까요?"

이유는 단순합니다. 제품-시장 최적화는 소비자 대상 B2C 스타트업을 성장시키고 가속화하기에는 충분하지만, 기업 대상 B2B 스타트업을 성장시키고 가속화하기에는 충분하지 않기 때문입니다. 기업 대상 B2B 스타트업의 여정은 소비자 대상 B2C 스타트업의 여정과는 다릅니다.

그래서 많은 B2B 스타트업이 제품-시장 최적화에는 도달하지만, 성장가속화를 이루지는 못합니다.

그 이유를 찾으면, B2B 스타트업의 제품-시장 최적화와 성장가속화 사이에는 "빠진 연결고리"가 있기 때문입니다. 그런데 이상하게도 이 빠진 연결고리에 관한 처리 방법이나 조언은 물론, 아직 이름이나 정의조차 제대로 되어 있지 않습니다. 적어도 지금까지는 그렇습니다.

성장을 위한 빠진 연결고리: "시장진출 최적화"의 소개

빠진 연결고리는 소위 "시장진출 최적화"라 부르는 것입니다. 기업 대상 B2B 스타트업에 있어서 시장진출 최적화는 제품-시장 최적화만큼이나 중요합니다.

시장진출 최적화 방안을 찾아내고 이를 달성하는 것은 B2B 스타트업의 성공적 비즈니스 구축에 매우 중요한데, 많은 경우 자주 놓치게 되는 부분이기도 합니다. 창업자와 초기 투자자는 제품-시장 최적화를 이루기만 하면 바로 빠른 성장이 뒤따를 것이라 생각합니다. 그렇게 믿는 것이 당연하기도 합니다. 그들은 성공적 제품이 가져다주는 시장기회를 강하게 믿기 때문입니다.

그런데 제품-시장 최적화는 스타트업이 어떻게 고객을 찾고 확보하는지, 그런 성공이 얼마나 반복 가능한지, 거기에 소요되는 비용은 얼마인지 등을 고려하지는 않습니다. B2B 스타트업의 빠른 성장은 제품-시장 최적화가 회사의 시장진출 전략과 정렬되어 고객을 반복적으로 확보하고 확장할 수 있을 때만 가능합니다. 이런 역할을 하는 것이 바로 시장진출 최적화입니다. 이것은 회사의 시장진출 전략이 옳은지를 알려주며, 회사가 성장 동력을 가지고 있다는 초기 징후를 보여줍니다.

그렇다면 시장진출 최적화는 정확히 무엇입니까?

밥 팅커 "단순하게 들릴지 모르겠지만, 다음 두 가지 질문에 "예"라고 대답할 수 있으면 시장진출 최적화가 달성된 것입니다. 1. 고객이 당신을 끌어당긴다고 느낍니까? 2. 반복해서 고객을 확보할 수 있게 하는 한 페이지짜리 시장진출 플레이북이 있습니까?"

시장진출 최적화는 쉽지 않습니다. 이것이 잘못되면 큰 문제가 생깁니다. 이를 찾아나가는 작업에는 수많은 스트레스가 함께합니다.

회사의 문화와 조직을 바꾸어야 합니다. 하지만, 동시에 고객 확보로 회사에 활력을 불어넣습니다. 고객 확보에 있어서 어떤 패턴이 반복되어 나타나는 것을 보면서, 그런 노력이 무모하지 않았다는 것을 회사의 모든 구성원들이 깨닫게 됩니다. 그러면 A급 인재 채용이 훨씬 쉬워집니다. 회사는 추진력을 얻게 되고, 이는 매우 즐거운 경험입니다.

시장진출 최적화의 세 가지 요소: 모델, 플레이북, 시급성

시장진출 최적화를 분해해 보면, 다음 세 가지 요소로 구성된 도전입니다.

시장진출 최적화: 세 가지 요소

결정하기	반복 가능하게 만들기	큰 물결에 올라타기
	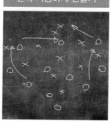	

시장진출 모델
여러 형태의 다양한
영업/마케팅 방법론

시장진출 플레이북
고객 발굴과 획득,
고객을 사로잡는 요소 파악,
구성원 정렬

시급한 물결
고객이 당장 구매해야 할 이유?
어떤 큰 물결에 올라탈 것인가?

그림 9: 시장진출 최적화의 세 가지 요소

시장진출 최적화의 제1요소:
시장진출 모델의 결정

모든 스타트업은 제품을 마케팅하고 영업하는 방법을 결정해야
합니다. 이것이 바로 시장진출의 의미입니다. 시장진출 모델은 다
양합니다. 직접판매, 내부판매, 채널판매, 기본무료/고급무료, 웹,
선진입/후확장 등 여러 형태가 있습니다.

초기 스타트업의 경우 여러 시장진출 모델을 한꺼번에 가져가는
것은 좋지 않습니다. 왜냐하면 2개 이상의 모델을 동시에 가져가
면서 반복성을 얻기가 처음에는 쉽지 않기 때문입니다. 따라서 스

타트업은 작동하는 시장진출 모델 하나로 먼저 시작해야 합니다.

하지만 어떻게 모델을 결정합니까? 그 대답은 목표고객, 고객의 의사결정 과정, 제품유형, 가격대, 총마진, 온보딩 시간 등의 여러 사항에 따라 달라집니다. 가장 좋은 결정 방식은 초기 고객들에게 여러 실험을 해보고 어떤 모델이 가장 잘 동작하는지 알아내는 것입니다.

Onboarding, 온보딩
새로 합류한 직원이 제 역할을 할 수 있게 하는 과정.

시장진출 모델 선택에 참고할 만한 것으로 "레슬리의 나침반 Leslie`s compass"을 추천합니다. 기고자인 마크 레슬리Mark Leslie는 베리타스 소프트웨어Veritas Software의 창업 CEO이자 회장이었습니다.

 레슬리의 나침반: 시장진출 전략을 위한 기본 구조
(https://www.linkedin.com/pulse/leslies-compass-framework-go-to-market-strategy-mark-leslie)

기본적으로 모든 시장진출 모델은 다음 네 가지 작업을 수행해야 합니다.

1. 고객에게 제품을 인지시킵니다.
2. 고객이 제품을 평가하게 합니다.
3. 고객이 제품을 구매하거나 약정하게 합니다.
4. 약정, 구매, 확장을 장려하는 올바른 가격/패키지를 개발합니다.

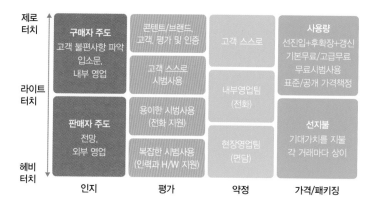

시장진출 모델

	인지	평가	약정	가격/패키징
제로 터치	**구매자 주도** 고객 불편사항 파악 입소문, 내부 영업	콘텐트/브랜드, 고객, 평가 및 인증	고객 스스로	**사용량** 선진입+후확장+갱신 기본무료/고급무료 무료시범사용 표준/공개 가격책정
라이트 터치		고객 스스로 시범사용	내부영업팀 (전화)	
헤비 터치	**판매자 주도** 전망, 외부 영업	용이한 시범사용 (전화 지원)	현장영업팀 (면담)	**선지불** 기대가치를 지불 각 거래마다 상이
		복잡한 시범사용 (인력과 H/W 지원)		

그림 10: 시장진출 모델의 여러 요소

시장진출 모델은 사람의 손을 많이 타는 "헤비 터치Heavy touch(영업에 상당한 인적 참여)"에서부터, 적당히 타는 "라이트 터치Light touch(부분적 자동화와 부분적 인적 참여)", 거의 타지 않는 "제로 터치Zero touch(사람이 필요 없는 셀프서비스)"까지 다양합니다. 〈그림 10〉은 이런 다양한 시장진출 모델들을 보여줍니다.

헤비 터치

전통적 B2B 기업의 시장진출 모델은 "헤비 터치"입니다. 이 경우 대부분의 영업/마케팅 단계에서 이를 주도하는 사람이 필요합니다. 마케팅이 고객의 관심을 끌어내는 동안(인지), 경험이 풍부한 영업담당자는 잠재고객들을 살펴서 영업 대상을 선정하고(인지),

그들이 시험 삼아 사용하게 하고(평가), 그런 다음 여러 번의 영업 미팅을 거친 뒤에 어떤 특정 가격에 계약을 성사시킵니다(체결/약정). 그런데 이 모델은 효과적이긴 하지만, 비용이 많이 듭니다.

라이트 터치

"라이트 터치"에서는 시장진출 모델 전반에 걸쳐서 사람이 관여하던 각 단계의 여러 작업을 자동화로 대체합니다.

- **인지**: 이전에는 고비용 영업담당자가 수동으로 수행함으로써 효율적이지 못했던 고객 관심 생성 및 잠재고객 발굴 등의 많은 부분을 디지털 마케팅으로 대체할 수 있습니다. 디지털 마케팅을 통해 사람의 개입 없이도 고객 관심, 고객 참여, 고객 육성, 고객 교육, 영업 대상 선정 등을 할 수 있습니다. 고객을 영업 대상으로 선정한 후에 영업담당자가 관여합니다.
- **평가**: 제품 시험평가를 자동화하여 고객이 제품에 관심이 있을 때 즉시 시험해 보도록 합니다. 자동화를 위해서는 클라우드 서비스나 고객이 보유한 기존 플랫폼(예: 세일즈포스 Salesforce)에 추가 기능으로 쉽게 등록하고 써보게 해야 합니다. 이렇게 하면 일부러 통화를 하거나 프레젠테이션하지 않아도 되며, 제품 자체가 영업 프로세스의 일부가 됩니다.
- **체결/약정**: 위 평가 단계에서 고객이 제품을 사용해 봄으로써 고객가치를 높이고, 약정을 생각해 보도록 합니다. 그리고

평가 단계에서 얻은 고객의 제품 활용 데이터는 고객 약정에 도움이 되는 중요한 단서들을 영업담당자에게 제공합니다.

- **가격/패키징**: 라이트 터치의 가격/패키징은 고객과 스타트업 둘 다의 노력과 비용을 줄이면서도 (또는 뒤로 미루면서) 고객가치는 되도록 빨리 제공하는 것입니다. 따라서 이것의 목표는 초기에 소요되는 고통과 노력은 최소화하면서, 고객에게는 만족과 가치를 즉각 제공하는 것입니다. 이렇게 하면 고객의 예산에도 쉽게 맞출 수 있습니다. 예를 들어 초기 제품의 사용은 무료이지만, 시간이 지남에 따라 고객에게 시간, 사용, 기능 등에 제한을 주어 고객이 나중에 유료 버전으로 옮겨 타게 합니다. 그런 예로는 클라우데라Cloudera, 슬랙Slack 및 스플렁크Splunk가 있습니다.

제로 터치

제로 터치 셀프서비스 모델을 따르는 회사는 거의 전체의 인지-평가-약정-가격 사이클을 완전 자동화합니다. 셀프서비스는 모든 제품이나 고객에게 맞지는 않습니다. 보통 사용자와 구매자가 같은 사람일 경우에 맞습니다.

제품은 이해하기 쉽고, 사용하기 쉽고, 지원하기 쉬워야 합니다. 예를 들어, 새로운 부류의 기업들은 소프트웨어 개발자와 개발운영팀에 제품을 판매하기 위해 제로 터치 모델을 사용합니다. 마케팅은 사용자이면서 또한 구매자인 소프트웨어 개발자에 맞춰집니다. 간단한 다운로드, 통합, 구축 도구들이 개발자 지원과 잘 결합되면, 이는 제품 자체와 마찬가지로 제품 구성의 중요한 요소가 됩니다.

셀프서비스는 매우 매력적인 단위경제를 가집니다. 일반적 B2B 스타트업의 경우 평균적으로 매출의 약 50%가 영업과 마케팅에 지출되지만, 제로 터치의 경우에는 약 25%가 지출됩니다. 이런 성공적인 셀프서비스 모델을 사용하는 회사의 예로는 아틀라시안 Atlassian, 메일침프Mailchimp, 센드그리드SendGrid 및 트윌리오Twilio가 있습니다.

Unit economics, 단위경제
하나의 단위 고객 획득에 얼마를 투자하여 얼마의 수익을 얻을 수 있는지를 나타낸다.

시장진출 모델은 시간에 따라 진화합니다.

스타트업 시장진출 모델의 선택은 제품, 가격대, 채널, 그리고 가장 중요하게는 고객과 고객의 구매 형태에 따라 달라집니다. 그리고 어떤 경우에는 시간에 따라 진화하기도 합니다. 처음에는 중요한 가정과 방법론을 검증하기 위해 사람 중심적으로 시작한 다음, 나중에 기술, 제품 및 프로세스와 함께 시장진출 모델을 자동화해 나가는 경우입니다.

시장진출 최적화의 제2요소:
반복 가능한 시장진출 플레이북 만들기

시장진출 최적화의 핵심은 기업이 반복적으로 고객을 찾고 확보할 수 있는 플레이북입니다. 이런 종류의 반복 가능한 플레이북을 보유한 회사는 성장 가속화의 길을 걸어갑니다. 이를 보유하지 못한 회사는 좌절감에 부딪히고 사라질 위험에 빠집니다.

시장진출 플레이북 1.0의 정립은 시장진출 최적화에 매우 중요합니다. 플레이북 1.0이 정립되면 회사의 마케팅과 영업 활동을 위한 청사진이 됩니다. 또한 새로운 영업담당자와 마케팅 인력을 쉽게 확보할 수 있게 되고, 시장진출 계획에 따라 회사 전체를 한 방향으로 이끄는 강력한 도구가 됩니다.

하지만 여기에도 문제가 있습니다. 일반적으로 창업자가 플레이북 1.0을 만들면 안 됩니다. 그 이유는 창업자가 제품을 너무 잘 알고 있기 때문이기도 하고, 창업자라는 위치가 일반적으로 고객 참여 역학에 영향을 주기 때문입니다. 그렇기 때문에 플레이북 1.0은 초기의 영업/마케팅 담당자의 실제 경험에서 비롯되어야 합니다.

밥 팅커 "초기 영업 통화를 할 때 우리는 화이트보드를 사용하여, 그 오른쪽에는 '효과가 있는 것', 그 왼쪽에는 '효과가 없는 것'을 적었습니다. 우리는 고객이 통화를 유지하는 이유, 두 번째 회의를 하는 이유, 시간을 투자하는 이유, 그리고 다음 단계로 나아가는 이유 등을 기록했습니다. 그리고 곧 재미있는 일이 일어났습니다. 회사의 다른 부서에서도 그 '적힌 것'에 주의를 기울이기 시작했습니다. 마케팅 슬라이드에 영향을 주었습니다. 새로운 영업사원을 고용할 때 이를 교육의 시발점으로 삼았습니다. 우리가 그때는 깨닫지 못했지만, 그것들이 시장진출 플레이북의 첫 번째 초안이었던 것입니다."

플레이북 1.0은 간단해야합니다. 플레이북 다이어그램이 한두 페이지를 넘어가면 제대로 준비되지 않은 것입니다. 그리고 거기에 도달하는 것은 생각보다 어렵습니다. 현장의 영업/마케팅 담당자와 함께 정제하고, 뺄 것은 빼고, 지속적으로 반복해서 완성합니다.

밥 팅커 "모바일아이언의 초기 영업부사장 존 도널리John Donnelly로부터 시장진출 플레이북의 마법을 배웠습니다. 존이 모바일아이언에 합류했을 때 가장 먼저 한 일은 우리의 엉성한 플레이북 0.5를 실제로 활용 가능한 플레이북으로 만드는 것이었습니다. 저는 플레이북 1.0이 단지 판매홍보를 위한 것이라 생각하는 실수를 했습니다. 제가 틀렸습니다. 플레이북은 다음의 모든 것들을 모아서 정제하는 것이었습니다. 가치 제안, 영업 프로세스, 고객 참여, 그리고 회사의 제반 구성원이 고객을 찾고 확보하기 위해 수행해야 하는 작업 등 모든 것이었습니다. 플레이북 1.0은 우리 시장진출 전략의 핵심 운영체제가 되었고, 이에 따라 한 방향으로 회사의 모든 사람들을 움직이게 하는 데 큰 도움이 되었습니다. 플레이북 1.0 정립은 2010년 우리 비즈니스의 가속화를 촉진하는 데 핵심적 역할을 했습니다."

그렇다면 플레이북 1.0은 어떻게 만듭니까? 다음 단계들을 수행한 다음, 반복하고 또 반복해야 합니다.

시장진출 플레이북 1단계: 시장진출 모델의 핵심 단계를 파악

초기 영업, 마케팅, 제품개발팀이 잠재고객들의 마음을 움직여 그들을 끌어모으게 하였던 여러 단계들을 파악하고 모두 적어둡니다. 시장진출 방안은 영업 주도의 "헤비 터치", 마케팅 주도의 "라이트 터치", 또는 셀프서비스의 "제로 터치"일 수 있습니다.

스타트업의 영업 체계에 따라 이미 짜놓은 영업 단계를 그냥 기본으로 받아들여서는 안 됩니다. 가능성이 큰 영업 방법론을 머리로 예측하는 것이 아니라, 고객의 실제 구매 여정과 관련된 "현장 영업"의 각 단계를 어떻게 구성하여야 할지 한 발 물러서서 생각해 봅니다. 영업체계는 플레이북에 맞추어 조정되어야 합니다. 그런데 거꾸로 되어서는 안 됩니다. 〈그림 11〉이 몇 가지 예를 보여줍니다.

시장진출 플레이북 2단계: 마케팅과 영업이 말할 것과 행동할 것

각 단계에서 일어나는 것은 반복 가능한 영업 플레이북의 기초가 됩니다. 마케팅이 해야 할 일을 알게 됩니다. 영업이 해야 할 일을 알게 됩니다. 플레이북은 새로 합류한 사람들이 제 역할을 하도록 교육하는 훌륭한 온보딩 교육 도구가 됩니다. 그러나 모든 "말할 것과 행동할 것"을 정확히 정립하는 것은 생각보다 어렵습니다. 한 회사는 3시간 만에 플레이북의 50%를 완료했지만, 나머지

플레이북 각 단계의 예

제로 터치

라이트 터치

헤비 터치

마케팅 주도의 셀프서비스

디지털 마케팅 → 선별 → 웹사이트 촉진 → 무료시범 사용 → 사용 유도 → 자발적 유료 사용 → 사용 확대

마케팅 주도의 내부영업

디지털 마케팅 → 선별 → 웨비나 촉진 → 무료시범 사용 → 사용 유도 → 내부영업팀 → 수주

영업 주도

마케팅이 생성한 잠재고객 → 선별 → 1차 미팅 → 2차 미팅 → 평가 → 경영진 미팅 → 수주

자동   인적개입

그림 11: 시장진출 플레이북 각 단계의 정의 – 헤비/라이트/제로 터치

50%를 완성하는 데는 3주가 더 걸렸습니다! 모든 것을 한두 페이지로 정제하려면 집중하고 희생해야 합니다. 정제를 하고 나면, 시장진출 방안에 대해 80%는 생각이 같지만 20%는 생각이 다른 여러 리더나 조직들이 드러나게 됩니다. 마케팅, 영업 및 제품 전반에 걸쳐 그냥 암묵적으로 이해하고 있었던 시장진출에 대한 가정이 이제 명확히 겉으로 드러납니다. 그러면 이것들을 100% 일치시켜 나갈 수 있습니다.

시장진출 최적화: 단지 20%가 정렬되지 못해도 엄청난 비용이 수반된다.

스타트업은 시장진출의 여러 면에서 반복을 거듭합니다. 이제 스타트업은 영업, 마케팅, 제품, 고객만족을 책임지는 리더가 있습니다. 그런데 그들은 동일한 시장진출 플레이북을 보고는 있지만, 20% 정도에 대해서는 서로 다른 견해를 가지고 있습니다. 20%가 다르다는 것은 80%가 같다는 뜻일까요?

불행하게도, 4명의 리더가 달리 생각하는 20%는 실제로는 각기 다른 20%입니다. 그러면 각기 80%만이 맞아서, 전체적으로는 $0.8 \times 0.8 \times 0.8 \times 0.8 = 0.41$로, 41%만이 동일함을 의미합니다. 이는 스타트업의 시장진출 계획을 실행하려는 나머지 회사 구성

마케팅/영업이 말할 것과 행동할 것

마케팅이 생성한 잠재고객	1차 미팅	2차 미팅	평가	경영진 미팅	수주
• 모바일과 앱은 사용하는가? • 사용자가 개인 모바일을 선택하거나 BYOD인가? • 데이터 보안에 대한 우려가 있는가?	• 수요와 동기 탐색 • 모바일과 앱에 대한 보안 제공 • BYOD나 프라이버시 보호를 위한 모바일 보안 플랫폼 • **고객을 사로잡는 요소 #1**	• 동료 평가와 제품에 대한 깊은 논의 • 경쟁우월성 • 플랫폼의 미래 영속성 • **고객을 사로잡는 요소 #2** • 시험평가 기회 확보	• 실제 사용 경우에 적용 • 시험 계획에 따른 고객 평가와 평가 결과 문서화 • 문제점 파악	• 책임경영진 참석 • 시험평가 결과와 고객만족 계획의 발표 • 1차 가격 제시 • 동료 경영층의 추천	• 첫 주문 • 시험 운용을 실제 적용으로 전환 • 고객만족팀 소개

그림 12: 영업 주도 시장진출 플레이북에서 "말할 것과 행동할 것"의 예

원에게 있어서 리더들의 생각이 시장진출 플레이북에서 41%만 정렬되어 있고 나머지 거의 60%가 정렬되어 있지 않아, 시장진출 최적화의 달성이 매우 어려워집니다.

시장진출에 중요한 것이 무엇인지에 대하여 그들 모두 각자 나름의 생각이 있을 것입니다. 이는 각자가 소중히 여기는 아이디어나 기존 방식을 희생해야 한다는 것을 의미합니다. 여기에서 가장 큰 논쟁이 일어납니다. 이것은 힘든 작업이며, 생각할 시간을 필요로 합니다. 일반적으로 몇 주 동안 며칠에 한 번씩 두세 시간을 할당해야 합니다. 이는 스타트업이 수행해야 할 가장 중요한 시장진출 작업의 일부입니다.

"고객을 사로잡는 요소" 찾기

모든 판매되는 제품과 서비스에는 고객이 가치를 느끼게 하는 "고객을 사로잡는 요소"가 분명 있습니다. 고객이 그것을 발표, 데모, 또는 평가판에서 보는 것입니다. 뛰어난 기능, 뛰어난 데모, 뛰어난 슬라이드, 뛰어난 인용구 등도 그것일 수 있습니다. 이 "고객을 사로잡는 요소"는 어느 정도의 가능성을 활기찬 기회로 바꾸어줍니다. 단순한 시험고객을 우리 제품의 챔피언으로 바꾸어줍니다. 당신이 이런 "고객을 사로잡는 요소"를 찾아내면 고객의 바디랭귀지가 변화하고, 관심도가 증가하고, 제품사용이 가속화되는 것을 볼 수 있습니다.

안타깝게도 이 "고객을 사로잡는 요소"는 일반적으로 제품개발팀에 문의해서는 찾을 수 없습니다. 마케팅과 영업 과정에서 고객을 관찰하고 경청하여 찾을 수 있습니다. 때로는 "고객을 사로잡는 요소"가 제품의 보조 기능이거나 보조 역할일 수도 있습니다.

이런 "고객을 사로잡는 요소"를 찾게 되면, 발표할 때 이것을 강조하고, 평가판에 이것을 집어넣고, 때로는 제품의 사용자 인터페이스를 바꾸어 이것이 눈에 띄게 합니다. 플레이북의 여러 단계에 걸쳐 있는 "고객을 사로잡는 요소"도 있을 수 있습니다. 그리고 경쟁상황과 고객요구가 변화함에 따라 이런 "고객을 사로잡는 요소" 또한 시간에 따라 변하게 됩니다.

시장진출 플레이북의 예: 마케팅 주도의 반복적 비즈니스

기업 대상 B2B 스타트업은 점차 마케팅 주도 플레이북을 선호하는 쪽으로 바뀌고 있습니다. 이 경우 플레이북 앞쪽에서는 고객기회를 발굴하고 육성하는 라이트 터치 자동화 방안을 활용하고, 플레이북 뒤쪽에서는 고객구매를 획득하기 위한 원격판매("내부판매"라고도 함) 방안을 활용합니다. 이 조합을 활용하면 영업비용은 낮아지고 영업 확산은 쉬워집니다.

원격판매
영업사원이 현장에 나가서 판매하는 것이 아니고, 원격으로 회사 내부에서 판매한다고 해서, 원격판매 또는 내부판매라 한다.

반복적 비즈니스 모델로 판매되는 제품의 경우 고객갱신은 비즈니스 모델의 중요한 요소이며, 시장진출 플레이북의 몇 가지 중요한 차이점을 만들게 됩니다. 반복적 비즈니스 모델에서 계약의 첫 서명은 플레이북의 끝이 아니고 시작에 불

마케팅 주도 플레이북
반복 비즈니스

마케팅 주도적 내부영업

디지털
마케팅 → 선별 → 웨비나 / 촉진 → 무료시험 사용 → 사용유도 → 내부영업팀 → 구매약정 → 온보딩 → 실제 적용 → 상향판매 / 갱신

반복되는 비즈니스의 경우:
약정 이후의 할 일도 플레이북에 포함

자동 / 인적개입

과합니다. 이것은 고객의 "획득" 또는 "확보"가 아니고, 고객의 약정일 뿐입니다. 따라서 플레이북은 다음 두 가지 사항에 명확해야 합니다. 첫째, 성공적 고객갱신을 위한 제일 중요한 작업인 "제품의 실제 사용"에 대해 분명해야 합니다. 둘째, 반복적 비즈니스의 시장진출 플레이북에서 큰 부분을 차지하는 "고객갱신"에 대해서도 분명해야 합니다.

시장진출 플레이북의 예: 셀프서비스

마케팅 주도 플레이북의 경우에는 영업담당자가 참여하기 전에 마케팅과 자동화 도구를 통해 많은 관련 활동이 이루어지게 되지만, 영업 주도 플레이북의 경우에는 영업담당자가 직접 실험을 하고 반복작업을 수행하게 됩니다. 하지만 "테스트–학습–토론–반

디지털 마케팅	웹사이트	무료 시범사용	유료 사용
인바운드에 초점을 두어 구체적 구매자 특성과 사용 케이스 파악	매우 구체적인 구매자 특성	제안 가치를 제품이 빠르게 제공	고객의 제품 즉시 사용
고객불편사항 파악 (특이고객이 아닌 보편고객 대상)	명확하고 개인화된 가치 제안(고객을 사로잡는 요소에 대한 이해)	기본무료/고급유료 (freemium)로 시작	신용카드 수용
관련 구매자 커뮤니티에서 브랜드 형성			사용량에 따른 가격 책정

그림 13: 셀프서비스 시장진출 플레이북의 예

복"을 거치는 사고방식은 동일합니다.

시장진출 플레이북 3단계: 각 단계를 지원하는 회사의 도구들

플레이북의 각 단계에서는 해당 단계를 지원하고 다음 단계로 고객을 넘기는 데 필요한 도구와 산출물을 (〈그림 15〉에서 황금색으로 강조된 부분) 명확하게 정의해야 합니다. 먼저 생각할 것은 플레이북의 각 단계에서 정립되어야 할 핵심 사항입니다. 그런 것으로는 일반적으로 영업 도구, 마케팅 비디오, 디지털 마케팅 SEO/SEM캠페인, 고객 프레젠테이션, 고객을 사로잡는 주요 제품

SEO/SEM

SEO는 검색엔진 최적화Search Engine Optimization이고, SEM은 검색엔진 마케팅Search Engine Marketing이다. 둘 다 고객이 인터넷 검색을 할 때 검색 결과 페이지Search Engine Results Pages, SERP에서 자사 웹사이트의 노출 순위를 높여주는 디지털 마케팅 방식이다.

기능, 법적 계약, 평가 가이드, 온보딩 가이드 등을 들 수 있습니다. 그리고 그 목록은 플레이북마다 다를 수 있습니다. 이런 도구 목록이 중요한 산출물이 되어, 영업 활동의 근육 역할을 하게 됩니다.

이렇게 목록을 정리하는 것은 회사의 나머지 부서에도 유익한 부수 효과를 가져다줍니다. 시장진출팀이 회사의 다른 팀들에 끝없이 요구하는 불협화음이 이제 의미를 갖게 됩니다. 플레이북은 스타트업 내부의 여러 다른 의견들을 시장진출 전략에 따라 하나로 정렬시키는 강력한 도구가 됩니다. 플레이북은 엔지니어링, 제품 관리자, 마케팅 관리자, 지원 관리자 등 나머지 회사 구성원에게 분명한 방향을 제공하고 또 동기를 부여함으로써 그들이 수행하는 여러 일들이 회사의 전체 시장진출 계획과 어떻게 연결되고 있는지 가르쳐줍니다.

보너스: 플레이북은 영업 지표의 기본

플레이북을 기반으로 영업 지표를 정의하고 비즈니스 성과를 측정할 수 있습니다. 각 단계에서의 물량을 추적하고, 각 단계별 이

그림 14: 플레이북의 각 단계가 제공하는 영업 지표

동 날짜를 추적함으로써, 스타트업은 ① 단계별 전환지표, 파이프라인 숫자와 물량, 판매주기 등을 파악할 수 있으며, ② 기대 고객을 망설이게 하거나 포기하게 하는 이슈들을 빨리 파악하게 하는 조기경보 시스템을 만들 수 있습니다.

모바일아이언: 완성된 영업 주도 플레이북

플레이북 처음부터 끝까지에 포함할 내용은 이것저것 아주 많다고 느껴질 것입니다. 하지만 전체 시장진출 플레이북에 포함하여야 할 내용을 (각 단계, 영업담당자의 말할 것과 행동할 것, 각 단계를 지원하는 도구) 한 페이지로 압축하는 것은 스타트업에게는 매우 강력한 연습이 됩니다.

(다음 페이지 참조)

모바일아이언:
영업 주도 시장진출 플레이북을 실행으로

시장진출 모델: 모바일아이언에서는 먼저 마케팅이 잠재고객(리드)을 찾아내고, 그중 가능성이 큰 잠재고객을 영업으로 이관하면, 영업은 그 잠재고객을 대상으로 영업활동을 진행하는 영업 주도 플레이북을 활용했습니다.

잠재고객(리드)
영어로는 Lead로, 제품이나 서비스에 관심을 보이는 잠재고객을 말한다.

마케팅: 고객 관심을 끌 수 있는 2~3개의 활용 스토리로 잠재고객을 끌어모읍니다. 이 단계의 도구는 잠재고객을 움직여 영업 가능성을

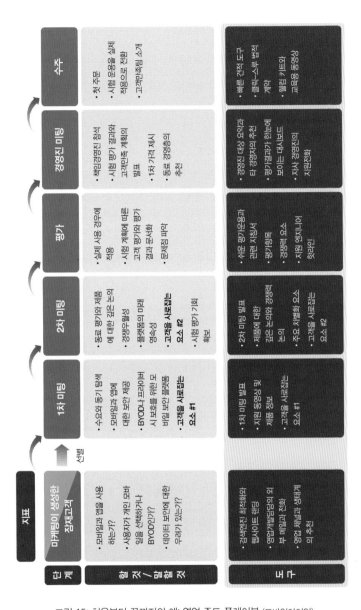

그림 15: 처음부터 끝까지의 예: 영업 주도 플레이북 (모바일아이언)

높이는 것에 초점을 두어야 합니다. 목표는 잠재고객과의 1차 미팅을 얻어내는 것입니다.

1차 미팅: 회사소개 전화나 웨비나를 통하여 간단한 메시지 전달이나 제품 소개를 합니다. 이를 위한 도구로는 프레젠테이션, 간단한 비디오, 첫 번째 "고객을 사로잡는 요소(BYOD 장치에서 회사와 개인 데이터의 상호 분리)" 등입니다. 목표는 관련 당사자와의 심층 논의를 하기 위한 2차 미팅을 잡는 것입니다.

2차 미팅: 비즈니스와 기술 관련 이해관계자와 심층 논의를 진행합니다. 가치제안을 입증하고, 장기 비전을 공유하고, 객관적 의견을 들을 수 있는 업계 관계자를 소개합니다. 필요하면 경쟁차별화 요소를 깊숙이 파고듭니다. 이를 위한 도구로는 좀 더 기술적인 사항들과 두 번째 "고객을 사로잡는 요소(기업 자체 앱스토어)" 등입니다. 목표는 우리 제품을 시험사용해 보고 평가해 보겠다는 고객의 약속입니다. 이는 고객이 진지하다는 것을 의미합니다.

평가: 가치제안과 경쟁우위를 입증하기 위하여 고객의 실제사용 평가를 진행합니다. 이때 어려웠던 것은 모바일이 새로운 단말인 관계로 고객이 평가 방법을 잘 모른다는 것이었습니다. 따라서 중요한 도구는 고객에게 도움이 되는 평가기준과 테스트 계획을 제공해 주는 것이었습니다. 물론 이 과정에서 우리 제품의 장점을 보여줄 수 있어야 합니다. 우리 제품의 새로운 기능이나 경쟁우위를 보여주기 위하여 평가기준은 정기적으로 업데이트되는 살아 있는 문서로 만들었습니다. 목표는 이런 테스트 결과를 고객사 경영진에게 보여주는 경영진 미팅의 요청입니다. 경영진 미팅의 효과를 극대화할 내용은 평가단계의 결과를 바탕으로 역설계할 수 있습니다.

경영진 미팅: 성공적 평가 보고서를 발표하고, 회사의 장기 비전을 공유하며, 성공적 제품 출시를 보장하는 실행 능력을 보여줍니다. 이를 위한 도구에는 평가 보고서, 경영진 대상 발표자료, CEO나 다른 경

영진의 개인적 전화 등이 포함됩니다. 목표는 우리 제품을 선택하고 구매하는 사업 승인을 받도록 하는 것입니다.

수주: 초기 주문을 받고, 제품을 출시하고, 제품을 동작시킵니다. 이를 위한 도구에는 견적 도구, 법적 계약(클릭-스루 계약이 바람직), 고객 온보딩 프로그램 등이 포함됩니다. 목표는 성공적 출시와 고객이 더 구매하고 싶어 하도록 만드는 것입니다.

클릭-스루 계약
영어로 Click-Thru이며, 온라인상에서 마우스 클릭으로 처리하는 간편 계약을 의미한다.

센드그리드:
셀프서비스를 활용하는 마케팅 주도 플레이북의 예

마케팅 주도의 셀프서비스 시장진출 전략을 성공적으로 실행하는 것은 쉽지 않습니다. 스타트업 초기에는 마케팅을 통하여 인지도를 만들어가고, 고객이 우리 제품에 전념할 수 있도록 설득해 나가야 합니다. 클라우드 기반 이메일 서비스를 제공하는 센드그리드는 초기 성공의 대부분을 2009 Techstars 액셀러레이터 프로그램 참여와 스타트업 액셀러레이터, 인큐베이터 및 기타 스타트업 생태계와의 파트너십 덕분이라고 이야기합니다.

고객획득비용
영어로는 Customer Acquisition Cost이다.

헤비 터치 B2B 영업 모델은 일반적으로 고객획득비용이 높습니다. 이를 줄이기 위하여 제로 터치 셀프서비스 모델을 활용합니다. 셀프서비스 모델을 활용하는 제품은 먼저 매우 쉬운 사용자경험UX을 제공해야 하고, 또 구매하는 순간 바로 사용할 수 있어야 합니다. 이렇게 제품을 쉽게 접할 수 있도록 설계하면 스타트업은 비즈니스 소프트웨어 구매에 일반적으로 수반되는 여러 장벽을 줄일 수 있고, 더 많은 고객이 제품을 시도해 보고, 구매하고, 가치를 창출하도록 유도할 수 있습니다.

센드그리드의 CEO인 새미어 돌라키아Sameer Dholakia는 셀프서비스 시장진출 모델의 성공은 회사 모든 부서의 전적인 참여에 달려 있다고 믿습니다. 마케팅, 영업, 지원 그리고 가장 중요하게는 제품개발 부서의 적극적 참여가 요구됩니다. 제품은 영업사원의 도움 없이 구매할 수 있도록 설계되어야 합니다. 심지어는 회사의 문화조차도 셀프서비스에 맞춰져야 합니다. 센드그리드에서는 개발자 고객의 삶을 더 좋고 편하게 만드는 소프트웨어를 설계하겠다는 문화를 창업 때부터 가지고 있었으며, 이는 영업사원을 필요로 하는 시간을 최소화하겠다는 의미였습니다. 말은 쉽지만, 실행은 어렵습니다.

센드그리드의 셀프서비스 시장진출 모델은 다음 네 가지 요소가 완전히 정렬되기를 바랍니다.

1. **문제에 대한 올바른 이해:** 많은 교육 없이도, 시장에서 잘 이해할 수 있는 특정한 가치제안(명확한 고객 불편사항과 활용 사례)
2. **분명한 제품-시장 최적화:** 중요한 문제를 분명하게 해결하는 제품
3. **접근 가능한 1인 구매자:** 사용자, 구매자, 결정자가 동일한 사람으로, 디지털 마케팅을 활용하여 타기팅 가능한 구매자
4. **빠른 가치창출:** 구매가 쉽고 사용이 쉽고 초기 가치 획득이 쉬운 제품

좀 더 발전된 셀프서비스 시장진출 모델로는 제품 주도 시장진출 모델이 있습니다. 이 모델에서는 제품 자체를 고객이 더 많이 사용하고 싶도록 설계하고, 더 높은 가치의 기능 패키지로 업그레이드를 원하도록 설계합니다.

시장진출 플레이북의 정립

플레이북 1.0의 정립은 시장진출 최적화와 기업 성장에 매우 중요
합니다. 그리고 고객, 영업, 마케팅과 여러 번의 반복 과정을 거쳐
야만 제대로 된 시장진출 플레이북을 구축할 수 있습니다. 회사
전체에 걸쳐서 여러 관련된 사고방식을 정제하고 또 이를 하나로
정렬시키는 것은 쉽지 않은 작업이지만, 이것이 시장진출 성공의
반복 가능성을 가져다주는 요체가 됩니다.

시장진출 플레이북의 요점

영업 주도이든 마케팅 주도이든 잘 만들어진 플레이북의 결과는 동
일합니다.
1. **마케팅/영업이 무엇을 해야 하는지 알려줍니다**: 각 단계를 정의하
   고, 이를 반복 가능하도록 구성해야 합니다.
2. **마케팅/영업이 어떤 말을 해야 하는지 알려줍니다**: 각 단계에서의
   주요 과제와 가치 제안 포인트를 정리합니다.
3. 회사의 나머지 부서는 고객 확보에 도움이 되는 도구, 프로그램,
   제품기능 등으로 **각 단계를 어떻게 지원해야 하는지 알려줍니다**.
4. **"고객을 사로잡는 요소"** 를 명확히 파악하게 합니다.
5. 보너스: **중요한 지표의 원천** 이 됩니다.

　시장진출 플레이북 1.0을 한번 정립하고 나면, 시장진출 플레이
북을 개발하는 프로세스는 반복 가능하고 확장 가능해집니다. 어

떤 단계에 있는 스타트업이든 새로운 고객 확보를 위해 시장진출 플레이북을 분명하게 정립하는 것은 언제나 최우선 과제입니다. 그런 다음, 상향판매, 고객 갱신, 신제품 출시를 위해 종종 추가로 시장진출 플레이북을 만듭니다. 잘 정립된 시장진출 플레이북을 구축하는 것이야말로 막강한 시장진출 기계가 되고자 하는 스타트업에게 핵심 차별화 요소와 실행 전문성을 보장합니다.

시장진출 최적화의 제3요소: 시급성을 요하는 물결에 줄을 서다

시장진출 최적화의 처음 두 요소인 시장진출 모델의 선택과 반복 가능한 시장진출 플레이북 1.0의 개발만으로는 빠른 성장을 보장 하기에는 아직 충분하지 않습니다. 스타트업 중에는 제품-시장 최 적화를 달성했고, 유료고객 20여 명을 확보했고, 반복 가능한 플 레이북을 가지고 있지만, 안타깝게도 고객이 지금 당장 움직일 필 요가 없는 문제에 줄을 서있는 스타트업이 있습니다. 이런 경우에 나타나는 결과는 마냥 늘어나는 영업주기뿐입니다. 다른 경우로 는, 이제 소멸해 가는 작은 물결에 줄을 서있어, 상대적으로 적은 기회밖에 얻지 못하기도 합니다. 시장진출 최적화로 빠른 성장을 이루려면 상당한 크기(많은 기회)이면서 시급한(지금 당장 필요) 고객 문제의 물결에 플레이북이 줄을 서야 합니다. 시장진출 플레이북이 시급성을 가진 상당한 크기의 물결에 정렬되어 있지 않으면 성장은 매우 어려운 고난의 행군이 됩니다. 시장진출 플레이북이 충분한 시급성을 가진 큰 물결에 제대로 정렬되어 있으면 성장과 가속화가 쉽게 일어납니다.

고객의 시급한 운영상의 불편사항을 다룬다.

고객의 시급한 운영상의 문제는 시장을 변화시키기에는 매력적인 방법처럼 보이지는 않지만, 이것이 중요한 이유는 B2B 스타트업의 시장 진출을 가능하게 하고, 고객이 즉시 움직일 동기를 부여하기 때문입니다. 시급성은 매우 간단한 질문에 대답합니다. 지금부터 6개월 후가 아니라, 지금 당장 구매해야 하는 이유를 제공합니다.

더 큰 물결에 연결된 높은 수준의 전략적 가치제안

기업 고객이 지금 구매를 하는 이유는 당면한 시급한 문제를 해결하기 위해서입니다. 하지만 고객을 장기 보유하기 위해 핵심이 되는 사항은 우리 제품이 보유한 문제 해결능력을 고객이 추구하는 전략적 가치제안과 이상적으로 연결되게 하는 것입니다. 고객의 장기목표 달성에 도움이 되거나, 앞으로 점점 더 중요해지는 새로운 물결(디지털 전환, 클라우드, 모바일 B2B, IT의 소비자화 등)에 대응 방안을 제공하는 것이 그런 가

IT의 소비자화
영어로는 Consumerization of IT으로, 최종 사용자로서 기업이 아닌 개별 소비자에게 초점을 맞추고, IT 제품과 서비스를 설계하는 방향을 말한다.

치제안입니다. 예를 들면, 모바일아이언이 해결한 고객의 시급한 문제는 스마트폰 이메일 보안성, BYOD, 앱 다운로드 등이었지만, 높은 수준의 전략적 가치로 제공한 것은 일등 시민의 모바일 활용 활성화와 그들의 생산성 향상이었습니다.

다가오는 큰 물결을 타면 큰 이점이 있습니다. 이런 큰 물결은 잠재고객과 시장진출 파트너뿐만 아니라 투자자, 유능한 직원, 잠재적 인수 대상자도 그 시급성과 중요성을 인식하도록 만들기 때문입니다.

시장진출 최적화를 위해 정렬하려면 희생이 필요합니다.

스타트업이 제품-시장 최적화를 달성하면 여러 핫스팟 주변으로 고객들이 모이게 됩니다. 결과적으로 시장진출팀은 고객 불편사항 핫스팟으로 모인 잠재고객과 구매자의 파이프라인을 이제 확보하게 됩니다. 그러면 일정 시간 내에 수익창출이 가능한 거래는 시장진출팀의 관심을 끌게 되고, 그들의 노력을 차지하게 됩니다.

시장진출 최적화는 가장 시급한 한두 가지 고객 문제에 시장진출 플레이북과 시장진출 자원을 정렬하고, 플레이북 바깥의 덜 시급한 문제의 고객 기회는 비록 합당하더라도 희생해야 하는 힘든 선택을 요구합니다. 합당한 고객 기회를 희생해야 하면 수익을 목표로 하는 시장진출팀은 미쳐버립니다. CEO와 이사회도 압박감을 느낍니다. 그러나 이는 필요한 희생입니다. 시장진출 플레이북을 올바른 시급한 문제에 집중시키는 것이 시장진출 최적화를 빠른 성장으로 연결하는 마지막 연결고리입니다!

언제부터 시장진출 최적화를 시작해야 합니까?

제품-시장 최적화를 해나가는 중간부터 시장진출 최적화를 생각해야 합니다. 왜냐하면 제품-시장 최적화 후반부에서 일어나는 고객과의 여러 상호작용이 시장진출 최적화에 대한 주요 단서를 제공하고, 이를 찾아나가는 데 도움을 주기 때문입니다.

특히 제품-시장 최적화 후반기에 고객이 보이는 다음과 같은 행동에 주의를 기울여야 합니다. 무엇이 그들의 관심을 끄나요? 그

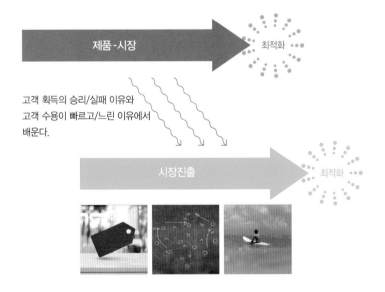

들이 당신과 함께 시간을 보내는 이유는 무엇인가요? 어떤 고객이 약정하고, 어떤 고객이 약정하지 않는지요? 어떤 고객이 빨리 움직이고, 어떤 고객이 느리게 움직이는지요? 고객이 구매하는 이유는 무엇이고, 구매하지 않는 이유는 무엇인지요? 실제 구매 결정을 내리는 사람은 누구인지요? 이런 긍정적 또는 부정적 데이터의 조합이 시장진출 최적화를 하는 데 매우 중요한 시장의 신호가 됩니다.

시장진출 최적화가 제대로 된 것 같지 않으면?

때로 어떤 회사는 시장진출 최적화를 그냥 쉽게 하기도 합니다. 구매주문은 별 노력 없이도 이메일로 들어오고, 잠재고객은 감당하기 어려울 만큼 늘어나고, 거래는 쉽게 성사됩니다. 그러나 이런 경우는 결코 흔치 않습니다. 대부분의 기업은 어려움을 겪으며, 시장진출 최적화를 하면서 시행착오를 거듭합니다.

시장진출 최적화가 제대로 되지 않은 것 같다면, 보통 다음 두 가지 중 하나의 문제입니다.

1. **플레이북 문제** – 잠재고객을 움직여 당장 구매하게 만드는 충분한 시급성을 보여주는 활용 사례가 플레이북에 제대로 정립되어 있지 않습니다.

2. 사람 문제 – 조직의 어떤 부분이 플레이북의 내용과 정렬되어 있지 않기 때문입니다. 이것은 보통 과거의 관성 때문이거나, 플레이북의 해석 차이 때문입니다.

해결책 #1: 시장진출 패턴 찾기

제품의 활용사례와 해결하는 문제가 고객에게 시급성을 느끼게 하기보다는 그냥 "있으면 좋겠네" 정도로 여겨진다면 이는 잘못된 것입니다. 그렇다면 고쳐야 합니다. 확보한 고객에서부터 시작합니다. 무엇이 그들을 움직이게 하였고, 무엇이 그들을 머뭇거리게 하였습니까? 우리 제품 활용이 시급하다고 여기는 고객들의 공통적 프로필이 있습니까? 이 프로필에 성사되지 않은 거래와 관심을 보이지 않는 고객은 당연히 제외되어 있겠지요? 그렇다면 이는 이상적 고객 프로필에 대한 단서가 됩니다.

이럴 가능성도 있습니다. 문제는 시급하지만 아직 "고객을 사로잡는 요소"를 제대로 찾아내지 못한 경우입니다. 이를 빠르게 찾아내야 합니다. 구매자의 관심을 끌고 경쟁업체가 아닌 우리 제품을 구매하도록 유도하는 핵심 지표, 핵심 기능, 뛰어난 리포트 등입니다. 사용자와 구매자의 머릿속으로 들어가십시오. 어떻게 하면 구매자를 영웅으로 만들 수 있습니까? 무엇이 그들을 두려워하게 합니까? 무엇을 그들이 갈망합니까? 어떤 고통을 해결합니까?

패턴을 어떻게 찾을까요? 이상적 고객 프로필을 정립합니다. 고객 불편사항을 찾아냅니다. 소위 "고객을 사로잡는 요소"를 고객들과 이야기해 봅니다. 그러면 고객, 후보 고객, 영업팀, 고객 만족팀 등으로부터 의견을 들을 수 있습니다. 모든 성공한 영업, 실패한 영업, 중단된 거래, 무관심 고객 등이 우리를 가르치게 됩니다. 그 핵심은 여러 경우들을 모아 분석하고 시각화하는 것입니다. 이런 "누가 그리고 왜"를 모아, 어떤 패턴을 찾고, 이를 시각화하는 작업은 시장진출 패턴을 찾는 데 매우 강력한 도구가 됩니다.

고객 시각화

	만족한 고객과 성공한 거래	이탈한 고객과 실패한 거래	
구매자 (회사, 분야, 직함)			**시장진출 패턴 찾기** 이상적 고객 프로필, 고객을 사로잡는 요소 + 고객 불편사항 + 활용 사례
왜 지금? (시급성)			
승리/실패 이유 (고객 불편사항, 활용 사례, 요인)			
거래 요약 (경쟁사, 가격, 소요기간)			
영업 내용 (잠재고객 원천, 영업담당 프로필)			

그림 16: 시장진출 최적화를 위한 고객 패턴 시각화

해결책 #2: 모두를 정렬시킨다.

시장진출 최적화의 또 다른 어려운 점은 조직의 여러 부분(영업, 마케팅, 제품개발)이 시장진출 플레이북에 정렬되어 있지 않거나, 80%만 정렬되어 있고 나머지 20%는 아니라는 것입니다. 누구도 악의적이거나 멍청해서 그런 것은 아닙니다. 하지만 이런 현상은 무섭도록 흔합니다. 그런 예들이 여기 있습니다.

- **잘못 정렬된 잠재고객.** 마케팅은 가능한 한 많은 잠재고객을 유인하는 고객 프로필, 검색어, 메시지를 활용합니다. 많은 고객을 유인해 내는 만큼 성공으로 느끼겠지만, 이러한 잠재고객 중에는 우리 제품이 필요한 고객 불편사항이나 활용 사례가 없는 경우가 많습니다. 이런 잠재고객은 이상적 고객 프로필에 맞지 않는 경우입니다.
- **잘못 정렬된 거래.** 영업 인센티브 구조는 대규모 선행 거래를 추구하도록 설정되어 있는 데 반하여, 영업 플레이북과 성공한 거래들을 살펴보면 소규모 초기 거래에서 시작하여 확대되어 나가는 것을 볼 수 있습니다. 거래 추구 방식이 플레이북과 정렬되지 않은 것입니다.
- **잘못 정렬된 제품 초점.** "고객을 사로잡는 요소" 중 어떤 것들은 제품개발 쪽에서는 매력적이지 않고 기술적으로도 흥미롭지 않은 것으로 여기는 경우가 있습니다. 그러면 그것들은 엔지니어링과 마케팅의 적절한 관심을 끌지 못하게 됩니다.

제품개발팀이 아직 고객을 사로잡는 수준까지 이르지 못한 것입니다.

- **여러 기능 조직에 걸쳐서 잘못 정렬된 문제 또는 활용 사례.** 가장 근본적이고 보편적으로 정렬이 잘못된 경우는, 모든 팀이 동일한 문제나 활용 사례를 보고 있지 않거나 또는 우선순위를 정하지 않은 것입니다. 스타트업의 경우 특히 그렇습니다. 왜냐하면 각 조직에 새로운 임원이 추가되었기 때문입니다. 회사의 모든 사람들이 열심히 그리고 빠르게 움직입니다. 하지만 고객 문제와 고객이 문제를 경험하는 방식에 대해서는 서로 상당히 다른 생각을 갖고 있습니다. 그 해결책은 CEO와 경영진이 앞으로 나서서, 회사와 그들 자신을 동일한 활용 사례와 고객 초점에 정렬되도록 만들어야 합니다. 말은 쉽지만, 실행은 어렵습니다.

어디에서 걸리적거리고 있고 어디에서 잘못 정렬되어 있는지 알려면 다음 페이지 〈그림 17〉의 표 같은 것을 그려봅니다.

무엇보다도 제품을 사용하고 그 가치를 이해하는 행복하고 성공적인 고객으로부터 배워야 합니다. 또한 지체하거나 거절한 고객으로부터도 배워야 합니다. 두 종류의 고객 모두 플레이북 1.0 개발을 주도하고, 이에 따라 경영진을 정렬하고, 빠른 성장의 시장진출 최적화를 가능케 하는 플라이휠 역할을 합니다.

조직을 시장진출 플레이북에 정렬하다

만족 고객으로부터 배워서 영업, 마케팅, 제품을 향상시킨다.

만족 고객	영업 (반복적 계약과 *수주)	마케팅 (많은 잠재고객 발굴)	제품 (고객을 사로잡을 요소를 찾아 고객이 제품에 열광하도록)
시작			
실 사용자 직책 / 결정권자 직책	구매자 챔피언 / 주 사용자 경영진 승인 / 예산 배정	타깃 고객 프로필 검색 / 메시징 / 랜딩	이상적 고객 프로필 확장
고객에게 시급성을 인지시켰는가? 고객 수요과 사용을 촉진시켰는가? 선호를 *히야로기가능? 감동 "스토리"가 있는가? 열쇠: 고객 불편사항을 듣고 솔루션을 안내	고객불편사항과 시급성 해결 구매자가 *히어로가 되도록 지원 고객을 사로잡는 요소 발굴	고객 불편사항 예시 / 활동 케이스 구매자의 갈망과 걱정 고객을 사로잡는 요소를 보여주는 콘텐트	제품이 고객을 사로잡는 요소를 높인다.
고객대표 영업/확장/갱신에 대한 고객 명문 동료 추천과 유사 사례	구매자 챔피언 / 주 사용자 경영진 승인 / 예산 배정	구매를 지원 선별 지원 출시 각 단계를 위한 콘텐트	사용자가 열정적 지지자가 되도록 활용도와 가치를 높인다.

누구에게?

왜 지금인지?

어떻게 판매할까?

그림 17: 영업/마케팅/제품을 시장진출 플레이북에 정렬하는 기본 구조

시장진출 최적화 해나가기:
당신에게도 팀에게도 모두 힘들다

밥 팅커 "시장진출 최적화를 해나가면서 즐거움, 실망감, 압박감 모두를 한 꺼번에 느끼게 됩니다."

즐거움: 첫 번째 거래를 찾아서 성사시킵니다. 영업에 탄력이 붙 는 것을 봅니다. 활력이 넘치게 됩니다!

실망감: 제품-시장 최적화를 했었고 적극적 고객도 있었기에 시장 진출 최적화 또한 임박했다고 느꼈지만, 아직 제대로 답을 얻지 못했습니다. 왜 영업이 진척되지 않을까요?

압박감: 제품-시장 최적화를 노력하는 엔지니어링팀과 시장진출 최적화에 고군분투하는 시장진출팀을 구성하느라 현금소진은 가 파르게 증가합니다. 그러나 시장진출 최적화를 아직 해내지 못했 기 때문에 회사는 여전히 성장과는 거리가 멉니다. 시장진출 최적 화를 언제 이룰지 몰라 압박감이 엄청납니다.

시장진출 최적화를 해나가는 동안 회사의 리스크는 점차 커집 니다. 모두가 부담을 느끼기 시작합니다. 불안이 쌓입니다. 제품-시장 최적화가 되었어도 시장진출 최적화 없이는 성장할 수 없기 에 자금을 조달하는 것도 어려워집니다. 이후 거래도 첫 거래만큼 이나 힘들어져 폭발적 성장이 어려워지면서 자연스러웠던 창업 열정도 점차 식어가기 시작합니다. 시장진출 플레이북을 자꾸 반복해 나가는 것은 기술팀에 큰 부담으로 작용합니다. 시장진출 최적화가 지지부진해지면서 의구심이 끼어들고, 구성원과 이사회는 비즈니스의 실행 가능성에 질문을 던지기 시작합니다. 그러나 사무실 직원부터 이사회에 이르기까지 모든 사람은 계속 동기를 유지하고 있어야 합니다. CEO는 조심스러운 줄타기를 해야 합니다. 신뢰를 유지하면서도 낙관론을 펼쳐야 합니다("이 고개만 넘으면 바로 시장진출 최적화를 이룹니다!").

제품-시장 최적화만으로도 성장할 수 있다고 믿는 사람들은 흔히 다음과 같은 소리를 하곤 합니다. "영업을 더 많이 고용하고, 마케팅에 더 많이 투자하라." 즉, 돈을 더 많이 써서 시장진출 최적화를 이루라는 것입니다. 그런데 이 방법은 거의 통하지 않습니다. 영업과 마케팅에 속도를 내야 한다는 압박감은 엄청나겠지만, 반복 가능한 시장진출 플레이북과 시장진출 최적화를 이룰 때까지는 그렇게 하지 않아야 합니다. 이사회와 경영진이 함께 분명한 시장진출 최적화 마일스톤을 설정하면, 모든 사람의 기대치를 관리하고 집중할 수 있습니다. 시장진출 최적화를 이루고 탄력이 붙기 시작하면, 그때는 속도를 낼 때입니다.

시장진출 최적화: 회사와 구성원에 주는 압박

비즈니스 압박: 리스크와 현금소진이 증가합니다. 쉬운 목표를 맞추기도 하지만 못 맞추기도 합니다.

문화 압박: 제품 주도 모델에서 제품-시장진출 균형 모델로 전환하면서 기업 문화에 변화가 생깁니다. 특히 제품과 시장진출에 대하여 회사가 결정하는 방식에 변화가 생깁니다.

실행 압박: 이제 고객, 영업, 마케팅은 영업 목표를 달성하고 시장진출 목표를 달성하기 위해 이런저런 요구를 합니다. 제품 개발팀과 엔지니어링팀은 원하는 시간 내에 이런 새로운 요구를 모두 충족시켜 주기 어렵습니다.

조직 압박: 실행 흐름은 이제 영업, 마케팅, 제품개발, 엔지니어링, 지원 등의 전반에 걸쳐 동기화되어야 합니다. 모두가 과중하다고 느낍니다.

시장 압박: 경쟁사가 생기기 시작합니다. 시장진출 최적화를 해나가는 동안 다른 회사들도 우리와 같은 비즈니스 기회를 쫓기 시작합니다.

영업담당 부사장 딜레마: 데이비 크로켓 또는 브레이브 하트?

시장진출 최적화를 해나가는 동안 가장 일반적이고 중요한 질문 하나를 하게 됩니다. 언제 영업담당 부사장을 뽑아야 합니까?

통상적 답변은 영업을 시작할 때입니다. 저희는 다음 두 가지 이유로 이에 동의하지 않습니다. ① 처음에 뽑기 쉬운 영업담당 부사장은 보통 A급이 아닙니다. ② A급 영업담당 부사장이 시장진출 플레이북을 처음부터 만드는 경우는 드뭅니다. 그는 보통 플레이북을 완성하거나 확장하는 역할을 합니다.

시장진출 최적화의 초기에 적합한 사람은 "숲 속에서 길을 찾는" 데이비 크로켓Davy Crockett 스타일의 영업담당자입니다. 초기 고객을 찾고 확보하기 위하여 반복하여 영업을 실험하는 사람입니다. 이런 스타일의 영업담당자는 플레이북 초기 버전을 개발하고 회사를 시장진출 최적화에 적합하도록 움직여 갑니다.

그림 18: 데이비 크로켓

대부분의 A급 영업담당 부사장은 제품-시장 최적화와 시장진출 최적화의 차이를 직관적으로 인지하고, 스타트업이 시장진출 최적화에 가까워지고 있다는 분명한 신호를 기다립니다. A급 영업담당 부사장 후보가 가장 먼저 하려는 일은 무엇일까요? 초기 영업담당자 및 초기 고객과 대화하여 확장할 수 있는 반복 가능한 영업 패턴이 있는지 알아보려 할 것입니다.

그림 19: 영화 「브레이브 하트」에서 윌리엄 월러스William Wallace를 연기하는 멜 깁슨Mel Gibson

회사가 시장진출 최적화에 가까워지면 그때가 영업담당 부사장을 고용할 때입니다. 시장진출 최적화에 거의 도달한 뛰어난 스타트업은 A급 영업담당 부사장에게는 매우 매력적 기회로 보이기 때문입니다.

새 영업담당 부사장이 합류하면 그는 플레이북을 다듬어 완성하고, 군대를 조직한 다음, 영화 「브레이브 하트」의 멜 깁슨처럼 시장진출 군대를 이끌고 적과 전투를 전개할 것입니다!

시장진출 최적화가 언제나 폭발적 성장을 의미하지는 않습니다

회사가 폭발적 성장 모드로 진입하지 않더라도 당황하지 마십시오. 엄청나게 좋은 회사라도 성장은 나중에야 시작되는 경우가 있습니다.

스타트업이 시장진출 최적화를 이루었지만 아직 폭발적 성장 기미가 보이지 않는 경우가 있습니다. 고객기반이 아직 작지만 점차 증가하는 경우이거나, 또는 고객의 구매결정에 긴 시간이 소요되는 경우가 그렇습니다. 이런 경우 스타트업은 "아직 크지 않지만, 매우 견고하고, 갈수록 커지는" 성장 경로를 기반으로 비즈니스를 구축해 나가야 합니다. 그러려면 자금조달 기대치를 관리해야 하고, 현금소진 최소화 전략으로 비즈니스를 신중히 구축해 나가야 합니다. 많은 기업들이 이런 느린 성장 경로에서 시작하여 빠른 성장 경로로 이동하여 성공을 거두곤 합니다. 오래 살아남으면 분명히 가속화를 느낄 수 있을 것입니다.

남태희 "스트라타콤 StrataCom 은 시장진출 최적화를 하였지만, 완만한 성장세를 보였으며, 6년 만에 겨우 1억 달러 가치로 상장되었습니다. 그러나 그 후 시장이 가속화되고 엄청난 성장이 시작되었습니다. 4년 후 시스코 Cisco 가 40억 달러에 이 회사를 인수했습니다."

시장진출 성과지표

좋은 시장진출 플레이북은 핵심 시장진출 성과지표에 대한 기본 뼈대를 제공하고, 시장진출 모델의 성과를 측정하고 조정할 수 있게 합니다.

시장진출 기계의 성능 분석

모든 시장진출 전략은 하나의 입력(영업/마케팅 비용)과 하나의 출력 (매출)이 있는 블랙박스로 볼 수 있습니다. 그 입력과 출력 사이의 블랙박스가 시장진출 기계입니다.

〈그림 20〉은 시장진출 기계의 핵심 요소들을 보여주는 블랙박스를 나타낸 것으로, 중요한 질문을 하게 합니다. 영업 앞 단계에서 영업/마케팅에 투입하는 1달러의 비용당 영업 뒷 단계에서 몇 달러의 매출이 발생합니까? 이러한 숫자와 그 숫자로부터 파악할 수 있는 여러 효율성 지표로부터 다음 세 가지를 알 수 있습니다.

1. 시장진출 기계가 잘 동작하는 곳과 그렇지 않은 곳

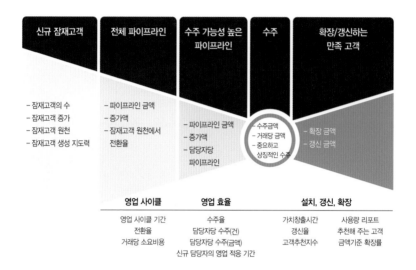

시장진출 블랙박스

신규 잠재고객	전체 파이프라인	수주 가능성 높은 파이프라인	수주	확장/갱신하는 만족 고객
– 잠재고객의 수 – 잠재고객 증가 – 잠재고객 원천 – 잠재고객 생성 지도력	– 파이프라인 금액 – 증가액 – 잠재고객 원천에서 전환율	– 파이프라인 금액 – 증가액 – 담당자당 파이프라인	– 수주금액 – 거래당 금액 – 중요하고 상징적인 수주	– 확장 금액 – 갱신 금액

영업 사이클	영업 효율	설치, 갱신, 확장	
영업 사이클 기간 전환율 거래당 소요비용	수주율 담당자당 수주(건) 담당자당 수주(금액) 신규 담당자의 영업 적응 기간	가치창출시간 갱신율 고객추천지수	사용량 리포트 추천해 주는 고객 금액기준 확장률

그림 20: 시장진출 블랙박스의 해부

2. 영업 예측과 모델링에 필요한 기본 정보

3. 시장진출 최적화의 달성 여부

시장진출 지표: 중요한 시장진출의 재무 질문에 대한 대답

시장진출 지표는 시장진출과 관련된 다음 세 가지의 기본적 재무 질문에 답하게 합니다.

1. 시장진출 기계의 생산성은 얼마입니까?: 1달러 투입 대비 몇 달러를 얻습니까? 이것이 시장진출 생산성으로, 시장진출에 1달

러의 추가 투자마다 추가로 발생하는 매출의 비율입니다. 시장진출 생산성이 1.0이면 시장진출에 1달러를 추가 투자하면 1달러의 추가 매출이 발생합니다.

2. 시장진출 기계는 얼마나 예측 가능합니까?: 어떻게 투자를 모델링하고 어떻게 성장을 예측할 수 있습니까?

3. 시장진출 기계는 얼마나 탄력적입니까?: 추가 투자로 얼마나 빠르게 매출을 늘릴 수 있습니까? 병목현상은 어디에서 생깁니까? 지금의 시장진출 플레이북에 따른 추가 투자만으로 매출을 크게 키울 수 있습니까? 확장 가능하고 반복 가능한 시장진출 플레이북으로 시장진출 최적화가 제대로 되고 있지 않다면, 시장진출 투자를 크게 늘리면 도리어 시장진출 생산성이 감소하여, 현금소진은 크게 늘어나지만 추가 매출은 겨우 조금 늘어나게 됩니다.

위 세 가지 기본적 시장진출 재무 질문에 긍정적 답변을 할 수 있는 회사라면 후기 투자자에게 매력적으로 보일 것입니다.

시장진출의 기초: 단위경제와 고객생애가치

시장진출 지표 외에도 특별히 신경을 써야 할 다른 지표가 있습니다. '단위경제와 고객생애가치^{LTV}'입니다. 고객 생애(고객이 되었다가 이탈하기까지의 시간) 동안의 단위경제의 합이 고객생애가치가 됩니다.

단위경제
+ 매출액
+ 갱신액
− 매출원가
─────────
= 총이익

× 고객생애	고객 생애가치
= 고객생애가치	

그림 21: 단위경제

높은 단위경제가 낮은 고객 이탈률과 결합되면 강력한 고객생애가치로 이어집니다. 규모 확대(고객 수 확대)로 열악한 단위경제 문제를 해결할 상황이 아니라면, 고객 거래 규모, 총 마진, 고객 생애 등에 열악한 그런 단위경제로 시장진출을 크게 확대하는 것은 위험합니다.

고객생애가치는 비즈니스로 가치를 얻어내는 근원이고, 또한 영업, 마케팅, 제품개발에 투자하는 이유입니다. 고객생애가치는 후기 단계 또는 일반 주식 시장에서 자본을 조달하는 데 매우 중요한 역할을 합니다. 고객생애가치가 높고, 고객 확보와 영업효율성에 대한 시장진출 지표가 적절하고, 합리적 수준의 예측가능성을 보인다면, 투자자들은 투자수익을 기대하고 적절한 가격으로 성장 자본을 투자해 줄 것입니다.

시장진출 효율성: 투입 대비 성과

단위경제는 제품의 가치제안과 비용구조에 좌우됩니다. 시장진출 효율성은 거래규모, 영업주기, 그리고 제품의 전반적 마케팅/영업

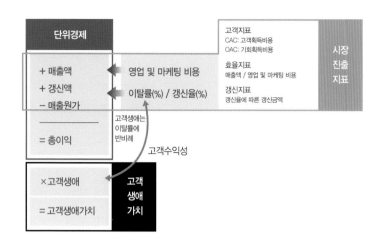

그림 22: 단위경제, 고객생애가치 및 시장진출 지표의 통합

방식에 따라 좌우됩니다. 시장진출 효율성은 특정한 자원투자를 통해 스타트업이 얼마나 고객을 잘 찾고, 획득하고, 유지하는지에 따라 결정됩니다. 시장진출 효율성은 고객획득비용, 투자 대비 효율성, 고객갱신의 세 가지 지표로 나누어 측정할 수 있습니다.

〈그림 22〉의 고객생애는 시장진출 지표의 고객 이탈률과 반비례합니다. 이탈률이 낮을수록 고객생애는 길어집니다.

고객생애가치와 시장진출 지표를 비교하면 고객획득 비용을 알 수 있습니다. 위의 파란색 화살표는 전체 고객 및 비즈니스 수익성의 가장 큰 동인인 순 고객생애가치를 결정합니다.

시장진출 최적화를 나타내는 지표

지표의 어떤 단서가 스타트업이 시장진출 최적화를 달성했음을 알려주나요?

가장 큰 신호는 시장진출 효율성이 눈에 띄게 좋아지고 있다는 것입니다. 동일한 시장진출 자원으로 더 많은 기회의 파이프라인을 생성하고 더 많은 거래를 성사시키는 것으로부터 알 수 있습니다. 영업 주도 및 마케팅 주도 시장진출 플레이북의 경우, 3명 이상의 영업담당자에서 파이프라인 및 성사된 거래가 증가하는 것을 보면 알 수 있습니다. 순수한 셀프서비스 시장진출 플레이북의 경우, 일반적으로 월 10회 이상의 거래가 발생하는 것을 보면 알 수 있습니다. 어떤 경우이건 그 핵심은 하나의 팀이나 특수한 상황에서 발생하는 요행이 아니라, 시장진출팀 전반에 걸쳐서 그런 증가가 발생하는 반복성을 볼 수 있어야 하는 것입니다.

시장진출 지렛대를 유심히 찾아본다

시장진출 최적화에 도달하면 플레이북을 통해 반복성을 얻을 수 있습니다. 이런 반복성은 투자에 비례해서 더 많은 매출을 끌어내는 선형 능력을 제공합니다. 좋은 능력입니다. 하지만 시장진출 최적화를 해나가면서 시장진출 지렛대를 찾을 기회가 있는지 유심히 살펴보십시오. 시장진출 지렛대란 동일한 시장진출 투자로 더 큰 성과를 얻음으로 시장진출을 가속화하는 것을 의미합니다. 더 큰 거래이거나 더 빠른 영업 사이클이 그런 경우입니다. 이는 더 빠른 기어로 변속하는 자전거와 같습니다. 페달을 돌릴 때마다 바퀴가 더 많이 돌아갑니다. 심지어는 같은 시장진출 투자로 비선형적으로 큰 성과를 냅니다. 예를 들면, 다른 잘 팔리는 제품에 엊혀서 팔리거나, 잠재고객 및 거래를 잘 찾아내는 대규모 영업채널을 이용하면 그럴 수 있습니다. 시장진출 지렛대의 원천을 찾아내는 것이 시장진출을 가속화하는 중요한 요소의 하나가 됩니다 (참조, 제4장: 영역 리더십으로 가속화).

시장진출 지렛대의 예: 모바일아이언

시장진출 최적화: 모바일아이언은 아이폰iPhone 보안 및 BYOD 활성화에 대한 시급성으로 반복 가능한 플레이북을 만들었습니다. 그 플레이북은 초기 성장을 이끌었습니다. 더 많은 영업/마케팅 투자로 더 많은 영업 파이프라인과 거래를 끌어내었습니다.

지렛대의 실마리: 모바일아이언은 이동통신사와 앱 공급업체 같은 많은 대기업이 비즈니스 고객에게 휴대폰, 요금제, 앱 판매 등을 늘리고 싶어 한다는 것을 알았습니다. 그런데 보안의 필요성이 그들 영업 속도를 떨어뜨리고 있었습니다. 그 거래에 모바일아이언의 기능을 추가하면, 거래 규모가 커지고 빨라질 것입니다.

시장진출 지렛대 생성: 모바일아이언은 이동통신사 및 모바일 앱 공급업체와 잠재고객 발굴 파트너십을 맺고 영업채널 재판매 계약을 맺었습니다. 거래가 가속화되기 때문에 파트너 모두에게 이익이 됩니다. 더 넓어진 영업 영역 덕분에 모바일아이언은 급격히 증가하는 잠재고객, 영업 파이프라인, 그리고 거래건수를 볼 수 있었습니다.

지렛대의 성과: 영업/마케팅 비용의 작은 증가에도 매출은 빠르게 가속화하여 시장진출 지표가 엄청나게 좋아졌습니다.

시장진출 최적화는 어떤 느낌일까요?
탄력이 붙는 느낌

시장진출 최적화에 대한 분석은 이제 충분합니다. 그러면 시장진출 최적화를 달성하면 어떤 느낌일까요? 거대한 파도를 타고 서핑하는 느낌입니다. 시장진출 최적화가 안 되면 어떤 느낌일까요? 물속에서 물장구치는 느낌입니다. 시장진출 최적화가 충분하거나 혹은 부족하면 그런 신호는 비즈니스 전반에서 나타납니다. 여기에 충분할 때와 부족할 때 나타나는 신호를 보여드립니다.

시장진출 최적화:
생존 모드를 벗어나, 번창을 준비한다

시장진출 최적화의 달성은 큰 성과입니다! 이제 스타트업은 다른 고객에게 추천을 마다하지 않는 다수의 유료고객을 확보한 제품이 있

시장진출 최적화의 경우	시장진출 최적화가 안 된 경우
(탄력을 받아, 서핑한다.)	(탄력을 받지 못하고, 물장구친다.)

- 탄력과 성장을 느낀다.
- 잠재고객 숫자가 유기적으로 성장한다.
- 영업/마케팅에 더 투자하면 잠재고객과 영업 파이프라인에서 증가를 볼 수 있다.
- 새로운 영업담당자가 뭘 해야 할지 빠르게 배우고, 경쟁에서 승리한다.
- 나머지 직원들이 시장진출 계획을 지원하기 위해 해야 할 일을 잘 알고 있다.

- 제품-시장 최적화를 진행했고 영업/마케팅에도 투자했지만 영업은 여전히 제대로 진척되지 않는다.
- 거래 하나를 성사시키려면 경영진의 영웅적 영업이 필요하다.
- 모든 거래가 모두 다르게 진행된다.
- 새로운 영업담당자가 회사의 영업을 배우기 너무 힘들다.

고, 시급성을 가진 고객을 찾아주고 획득하게 해주는 반복 가능한 영업/마케팅 플레이북이 있습니다. 이제 스타트업은 더 이상 생존을 걱정하지 않아도 됩니다. 더 이상 임박한 죽음을 두려워할 필요가 없습니다. 기어를 전환하여 번창 모드로 들어가서, 성장과 시장진출 가속화를 추진할 때입니다. 여기까지 도달하는 기업은 매우 드뭅니다. 엄청난 성과를 거둔 것입니다. 잠깐 쉬며, 이 순간을 즐기십시오!

o 제품–시장 최적화만으로는 기업성장에 충분하지 않습니다. 제품–시장 최적화와 기업성장 사이에는 "빠진 연결고리"가 있습니다.

o 그 빠진 연결고리는 시장진출 최적화입니다. 시장진출 최적화가 안 되면 기업은 낮은 성장 경로를 따라 정체하게 됩니다. 시장진출 최적화란 다음의 과정을 거치는 것입니다.
1. 명확한 시장진출 모델
2. 반복 가능한 시장진출 플레이북
3. 시급한 수요를 창출하는 올바른 활용사례에 제품과 회사를 정렬

o 시장진출 최적화는 쉽지 않고, 제품–시장 최적화처럼 여러 번 반복을 거듭해야 합니다. 시장진출 최적화를 해나가는 동안 스트레스 수준은 올라가고 현금소진은 크게 증가합니다. 문화적 변화와 실행에 문제가 생기는 것은 당연합니다.

o 시장진출 최적화를 하는 데 있어 일반적 실수는 영업담당 부사장을 너무 일찍 고용하는 것입니다. 그보다는 데이비 크로켓 스타일의 영업담당자를 고용하여 "숲을 헤쳐나가는" 시장진출 경로를 찾아내십시오.

o 시장진출 최적화를 달성하고 시장진출 플레이북 1.0을 완성하는 것은 중요한 마일스톤입니다. 시장진출 최적화란 스타트업이 영업/마케팅에 투자하는 만큼 이에 상응하는 빠른 성장을 이끌어낼 수 있는 것을 의미합니다.

o 시장진출 최적화를 하는 동안 시장진출 기계의 관점에서 적절한 지표로 영업생산성, 예측가능성, 탄력성 등을 볼 수 있으면, 스타트업이 성장에 대한 결정을 내리고 새로운 유형의 투자자를 찾는 데 도움이 됩니다.

o 시장진출 최적화가 끝날 무렵, 시장진출 지렛대를 찾을 기회를 살펴봅니다. 시장진출 지렛대는 다음 단계의 가속화 추진에 큰 도움이 됩니다.

o 시장진출 최적화를 이루면 생존 단계의 종료를 의미합니다. 이제 회사는 번창 단계로 옮겨갑니다.

NOTE

제4장

영역 리더십을 향한 가속화

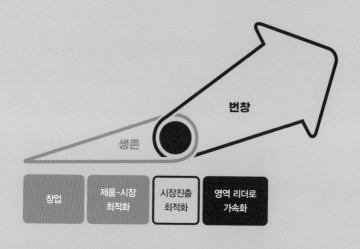

번창 단계로 진입한 것을 환영합니다!

스타트업은 어떻게든 살아남으려 갖은 노력을 다하다가, 승리하는 방법을 알게 되면서, 생존을 넘어 번창으로 전환하는 순간을 맞이하게 됩니다. 이 순간은 스타트업의 삶에 대단히 중대한 사건입니다. CEO는 이것이 일어났던 '번창으로의 전환시점'을 생생하게 기억합니다.

번창으로의 전환 시점:
리더십 워크숍을 하던 흔들의자에서

티엔 추오, 주오라^{Zuora}의 CEO 겸 공동창업자

주오라는 구독경제를 가능하게 하고 그 기반이 되는 비즈니스 플랫폼 사업을 하기 위해 2008년 설립되었습니다. 처음 몇 년 동안 우리 고객은 주로 다른 스타트업이었습니다. 그런데 2011년부터 다양한 산업과 여러 지역에서 고객이 생기기 시작했습니다.

우리의 '번창으로의 전환 시점'을 생생하게 기억합니다. 2011년 여름, 우리는 리더십 워크숍을 마친 후 호텔 테라스 흔들의자에 앉아 있었습니다. 조금 전에 기술영업팀장인 매튜가 영업 파이프라인상에 있는 잠재고객들의 로고를 보여주는 슬라이드를 비춰주었습니다. 우리 모두 그 로고를 보았습니다. 모두 포천Fortune 500대 기업이었고, 세계적 기업도 많았습니다. 대단한 목록이었습니다. 그러고는 매튜가 말했습니다. "우리가 이기거나, 경쟁사가 이기거나 둘 중 하나!" 그때 제가 "뭐라고?"라며 깜짝 놀란 것이 기억납니다. 그것은 희망 목록이 아니라, 거래 목록이었습니다. 실제 거래 논의가 진행 중인, 엄청난 회사들의 목록이었습니다.

정신이 바짝 드는 순간이었죠. 우리 사업은 점차 "전파" 단계에서 "발굴/승리" 단계로 옮겨 갔습니다. 그날 저녁 호텔 테라스의 흔들의자에서 격렬한 토론을 마치며 저는 말했습니다. "이제 완전히 다른 게임이다!" 우리는 서로를 바라보며 고개를 끄덕였습니다. 그 순간부터 우리는 생존을 넘어 번창으로 전환한 것입니다.

번창으로의 전환 시점:
"그렇다! 모든 업종에는 동일한 문제가 있다!"

애런 레비Aaron Levie, 박스Box의 CEO 겸 공동창업자

2005년에 설립된 박스는 2009년 초까지 다수의 개인사용자를 기반으로 약 500만 달러의 매출을 올리고 있었으며, 얼마 전부터 기업고객들의 관심을 끌기 시작했습니다. 초기 기업고객은 의료, 소비재, 전문 서비스 등 다양한 업종에 퍼져 있었습니다. 고전적 마케팅의 "볼링핀Bowling pin" 또는 "캐즘Chasm" 분석에 따르면 우리는 아직 반복 가능한 패턴을 갖지 못하고 있었습니다. 우리는 더 깊이 파고들었습니다. 우리는 고객별로 찾아가, 각 고객이 박스Box를 사용하여 해결한 문제들을 파헤쳤습니다. 그리고 이것은 "아하!" 순간으로 이어졌습니다. 업종에 관계 없이 모든 고객이 우리 제품을 사용하여 동일한 문제를 해결하고 있었습니다. 기억이 납니다. "그렇구나! 업종에 관계 없이 모든 고객은 동일한 문제를 가지고 있구나!"라고 깨닫게 된 순간입니다. 여러 업종 모두에서 해결을 요하는 시급한 문제를 발견했습니다. 이제 시간문제일 뿐입니다. 우리는 그 공통 문제를 타깃으로 하여, 여러 다른 업종에서 동일한 문제에 대한 해결책을 빠르게 반복할 수 있었습니다. 우리는 반복 가능한 시장진출 플레이북을 가지게 된 것입니다. "번창으로의 전환 시점"을 맞이하게 된 것입니다.

번창으로의 전환 시점:
큰 베팅을 하는 영업부사장

밥 팅커, 모바일아이언 CEO 겸 공동창업자

2010년 여름 모바일아이언은 초기 고객을 확보했습니다. 아이폰 보안 및 BYOD 활성화와 같은 시급한 문제를 발견했습니다. 그리고 고객이 반복되어 나타나는 것도 보이기 시작했습니다.

제게 "아하!"의 순간은 2010년 늦여름이었습니다. 영업부사장인 존이 제 사무실에 찾아와서 말했습니다. "고객을 만날 기회가 쌓이고 있지만, 현재로서는 그 모든 고객을 감당할 수 없습니다. 채용이 빨리 진행된다면, 더 큰 책임을 지고 더 많은 고객을 확보하겠습니다." 존은 기회의 물결을 보았고 이를 맞이할 반복 가능한 플레이북을 갖고 있었던 것입니다. 그는 사람이 더 필요했습니다. 영업부사장이 그런 자신감으로 자신의 목을 걸었을 때, 우리는 "번창으로의 전환 시점"을 맞이했다는 것을 알게 됩니다. 우리는 박차를 가했고, 결코 뒤를 돌아보지 않았습니다.

영역 리더십으로 시장 진출 가속화

시장진출 최적화를 이룬 뒤에는 사업 속도를 높이고 비용을 써야 할 때입니다. 가끔 무모하게 느껴지더라도 그렇게 해야 합니다. 승리할 기회를 얻었으니 이를 최대한 활용해야 합니다. 이제 목표가 간단합니다. 사업을 가속화하여, 영역 리더가 되고, 남보다 앞서 나가는 것입니다.

생존 단계에서 번창으로 전환하고, 영역 리더가 되기 위해 가속화해 나가는 것은 엄청난 일입니다. 이는 사고방식과 실행 모두에 큰 변화를 요구합니다. 빠른 성장과 가속 실행에 따른 중압감. 이것들은 혼란스럽고 모두의 일하는 방식을 바꾸게 합니다. 이제부터는 결정을 다르게 내려야 합니다. 모두가 한계에 도달해 있기 때문입니다.

이제 엄청난 추진력으로 빠르게 가속하고 있습니다. 이는 큰 질문으로 이어집니다. 스타트업은 얼마나 빨리 움직여야 합니까? 언제 브레이크를 밟아야 합니까? 언제 방향을 틀어야 합니까?

가속하면서 자세를 유지하는 방법은 무엇입니까? 어느 때보다 큰 위험이 도사리고 있습니다. 이 속도에서 실수하면 충돌하게 됩니다. 일을 제대로 해야 합니다. 엄청난 가치를 구축하고, 이 여정을 시작할 때 가졌던 목표를 달성해야 합니다. 영역 리더가 되어야 합니다.

영역 리더를 목표로 하는 이유는 무엇입니까?

스타트업이 시장진출 최적화를 달성하고 가속화하기 시작하면, 보통 자기 혼자만 그러는 것이 아닙니다. 경쟁자들도 역시 가속화하고 있습니다. 모두가 신규 영역을 만들고 정의하려 하며, 이를 리딩하기 위한 경쟁이 진행됩니다.

이 경쟁에서 이기려면 많은 것을 쏟아부어야 합니다. 2013년 3월《하버드 비즈니스 리뷰》에 발표된 연구「영역 생성자가 되어야 하는 이유」는 이를 분명하게 보여줍니다. 저자들은 영역 생성이 얼마나 수익성에 중요한지를 알아보기 위해 2009년부터 2011년까지 가장 빠르게 성장한 미국 기업 100개에 대한 포천 목록을 조사했습니다. "영역 생성에 중요한 역할을 한 13개 기업이 3년 동안 차지한 매출 증가분은 그들 전체 증가분의 53%였으며, 시가총액 증가분은 74%였습니다."

"Why It Pays to Be a Category Creator," Eddie Yoon and Linda Dekeen. *Harvard Business Review*, March 2013

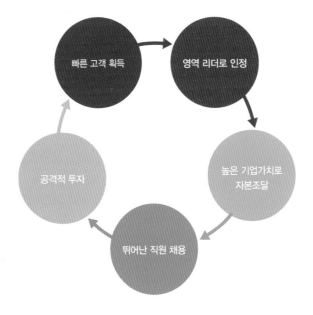

그림 23: 영역 리더의 선순환 사이클

빠르게 성장하는 영역 리더가 되면 〈그림 23〉처럼 성장을 주도하고 리더십을 강화하는 고객, 투자, 인재의 선순환이 일어납니다.

시장 영역은 다소 유동적입니다. 시장과 영역에 대한 공식적 정의는 건너뛰고, 실제적 의미에 초점을 맞추겠습니다. 시장 영역이란 분명하고, 실현 가능하며, 별개로 추적하고 경쟁할 만큼 충분히 커야 합니다. 시장 영역이 정의되면 고객은 혼란을 벗어나 질서를 느낍니다. 고객은 자신의 비즈니스 문제와 이에 따른 공급업체를 먼저 논리적 시장 영역으로 분류합니다. 그러고는 각 해당영역에서 최적의 해법을 가진 공급업체를 찾습니다.

공급업체가 아니고, 고객과 업계 분석가가
영역 리더를 결정합니다.

공급업체인 스타트업이 영역 리더십을 결정하지 않습니다. 업계 분석가는 영역 리더를 논의하는 보고서를 발표하지만, 그 평가기준은 정확하지 않습니다. 더 중요한 것은 상위 중요 고객 몇몇입니다. 그들은 자기의 제품 선택을 업계 분석가 및 다른 고객과 공유하며, 영역 리더십에 큰 영향을 미칩니다. 그리고 시장에서의 홍보와 논란들도 역할이 없진 않지만, 실제 시장 현황과 데이터가 리더십 형성에 큰 역할을 합니다.

> **밥 팅커** "초기 고객 확보 후, 우리는 소수의 중요한 등대고객을 확보하기 위해 우리의 꼬리를 잘랐습니다. 우리가 원하는 고객은 다른 고객이 "와! 그렇구나!"라고 말하게 하는 그런 고객이었습니다. 그 첫 번째는 큰 바이오 기업. 그다음으로 큰 제약 회사. 그런 다음 큰 유럽 은행이었습니다. 그들은 우리 회사를 동료에게 소개해 주었습니다. 그리고 이렇게 앞서 나가는 고객은 서로와 업계 분석가에게 점점 더 영향을 미치며, 우리가 영역 리더로 부상하는 데 큰 도움이 되었습니다."

영역 리더십은 당신의 스타트업을 고객이 고려할 공급 대상 업체 목록 작성에 포함시키도록 합니다. 잠재고객이 생기게 합니다. 고객이 당신을 신뢰하게 합니다. 잠재적 구직자와 투자자에게 좋은 영향을 미칩니다. 비즈니스 가속화에 도움이 됩니다.

신규 영역 생성을 위한 조언

많은 스타트업이 신규 시장 영역을 만들려 합니다. 이에 대한 좋은 소식은 새로 영역을 만들면 자동으로 그 영역의 리더가 된다는 것입니다. 나쁜 소식은 새로운 영역을 만들기가 결코 쉽지 않다는 것입니다. 모든 스타트업은 자기가 신규 영역을 만들고 있다고 주장하지만, 이를 믿는 고객은 거의 없습니다. 아주 극소수의 스타트업만이 실제로 신규 영역을 만듭니다.

신규 영역의 정의에 앞장서다.

신규 영역을 정의하는 것은 예술입니다. 신규 영역은 기존 영역과는 많이 달라야 합니다. 스타트업이 리더가 될 수 있을 만큼 초기 규모는 작으면서도, 고객의 여러 어려운 문제를 해결하여 그들의 관심을 끌 만큼 충분히 커야 합니다. 그리고 모든 신규 영역에는 이름이 필요합니다. 기존 영역과는 구별되고 눈에 띄는 이름이 필요합니다. 인기 검색어가 될 수 있어야 합니다. 그런데 이것도 쉽지 않습니다. 대부분의 경우, 경쟁업체는 영역을 다르게 정의하려 하고 이름을 다르게 붙이려 합니다. 세심한 주의를 기울여 이 과정에 영향을 미치도록 해야 합니다.

경쟁업체가 많아지면 정당성이 커진다.

경쟁을 받아들이십시오. 자기 혼자 그 영역에 있으면, 그 신규 영역이 떠오르고 있다는 확신을 시장에 심어주지 못합니다. 영역 생성자에게는 경쟁이 필요합니다. 신규 영역이 떠오르고 있다는 것을 어떻게 시장에 알려줄 수 있을까요? 그것은 바로 여러 경쟁업체가 모두 동일한 문제에 100% 집중한다는 것입니다.

존경받는 고객을 활용한다.

모든 업계에는 모두가 지켜보는 생각을 선도하는 고객이 있습니다. 그들이 새로운 문제를 뚜렷이 정의한 다음, 주목받는 업체로부터 특정 제품을 구입하면, 그것으로 시장에서 신규 영역이 생성되는 것입니다.

미디어, 분석가, 전문가의 인정을 받는다.

신규 영역의 시장이 충분히 탄력을 받으면 주요 미디어가 (《월스트리트 저널WSJ》, 《테크런치TechCrunch》 등) 그 신규 영역을 인식하고 이름을 붙이기 시작합니다. 영향력 있는 업계 전문가들은 블로그와 소셜 미디어를 사용하여 신규 영역을 정의합니다. 업계 분석가는 (포레스터Forrester, 지투크라우드G2Crowd, 가트너Gartner, 아이디씨IDC 등) 새롭게 떠오르는 영역을 규정하며, 이에 대한 사고적 리더십을 보이기 시작합니다.

시장진출 가속화는 회사 전반에
엄청난 변화를 몰고 온다

영역 리더십을 향한 시장진출 가속화는 실행, 사고방식, 시장, 투자자 등 회사 전반에 큰 변화를 가져옵니다. 아래 표에 중요한 몇 가지 변화를 정리했습니다.

실행	사고방식
신중한 실행 → 계산된 무모함 신중한 경영진 → 저돌적 경영진 비용 절약 → 성장을 위한 지출 초점에 집중 → 과감한 영역 확대	생존 → 번창 제품개발 주도 문화 → 시장진출 주도 문화 수정 또 수정 → 스피드 추구, 진행하면서 수정 인색한 채용 → 신속한 채용
시장	**투자자**
남몰래 조용히 → 가능한 한 많이 알려지게 시장 개발 → 사고적 리더십 극소수의 경쟁 → 경쟁군 따돌리기	초기 제품개발 투자 → 성장 투자 제품의 시장 최적화 → 성장과 단위경제 영업 가능성 → 수익성 위한 타당한 경로

실행에서의 변화: 신중한 실행에서 계산된 무모함으로

생존 단계에서는 절약과 신중한 결정이 중요했습니다. 그런데 스타트업이 시장진출 최적화로 추진력을 얻게 되면 이제 성장을 도모하고 영역 리더십을 강화할 때입니다. 그러기 위해서는 계산된 무모함과 공격적 위험감수가 필요합니다. 생존 단계에서 아껴서 자금을 절약해 오던 초기 경영진은 이제 저돌적으로 변해야 합니다. 영업/마케팅팀은 시장진출 플레이북에 따라 시동을 걸어, 경쟁사에 앞서 분명한 영역 리더십을 구축해야 합니다. 제품개발팀은 새로운 제품 기능 개발에 서둘러 투자해야 합니다. 회사는 성장과 시장 점유율에 중점을 두고 가속화해야 합니다. 무모하게 느껴지지만 계산된 무모함입니다. 합리적 도박을 시작하여, 빠르게 진행하고, 문제는 나중에 해결합니다. 채용 계획보다 더 큰 인재 풀을 구축하여, 빠르게 확장하는 동시에, 기초를 강화하고 기본 프로세스가 잘 돌아가게 해야 합니다. 리더 중에는 신중한 실행에서 계산된 무모함으로 잘 변화하는 사람도 있지만, 그렇지 못한 사람도 있습니다.

시장에서의 변화: 경쟁군 따돌리기

대상 고객의 대규모 파이프라인을 구축합니다. 다른 고객이 따르고 존중하는 등대고객을 확보합니다. 고객에게 쉽게 접근할 수 있고 시장 리더십을 강화해 주는 주요 채널을 확보합니다. 경쟁이 치열해질 것을 예상합니다. 시장은 당신 제품을 인지하였고, 시장진출 최적화로 가속화를 시작하면 경쟁사들은 이를 보고 당신을 따라 하기 시작합니다. 그런데 이는 정상입니다. 아무도 오지 않을 파티를 당신 혼자서 열지는 않을 테니까요.

그러면서 인접 영역의 기존 대기업이 당신 영역에 들어오면서 잠재고객을 혼란스럽게 합니다. 영업이 주도하는 거래에서는 백

병전이 심화됨에 따라, 영업 효율성이 떨어집니다. 마케팅이 주도하는 영업에서는 기존 업체도 유사한 메시지를 보내기 시작하면서, 마케팅 효율성이 떨어집니다. 그런데 이 또한 정상입니다.

치열한 경쟁을 이겨내고, 경쟁군을 따돌리고, 영역 리더의 자리에 오르는 방법을 알아내면 마법에 이릅니다. 우리는 이미 이 마법을 만드는 두 가지 방법에 대해 이야기했습니다. ① 제품-시장 최적화를 제대로 해내고 ② 올바른 시장진출 플레이북으로 뛰어난 실행을 하는 것입니다. 하지만 지금 바로 해야 할 일이 있습니다. ③ 사고적 리더십을 활용하여 승리하는 것입니다.

시장에서의 변화: 시장의 인식과 사고적 리더십에 집착한다.

시장의 인식에 집착해야 합니다. 당신의 시장 영역에 대한 언급이 있다면 마땅히 거기에 당신이 포함되게 해야 합니다. 산업 분석가의 지지를 받아야 합니다. 그들이 당신을 영역 리더로 간주하게 해야 합니다. 그들이 새로운 영역을 정의하도록 영향을 미쳐야 합니다. 그들이 잠재고객에게 어떤 문제와 어떤 해결책이 있는지를 일깨워주게 해야 합니다.

사고적 리더십에 집착해야 합니다. 사고적 리더십을 통해 소규모 기업이어도 고객 머릿속에 남아서, 고객에게 영향을 미치고, 시장에 영향을 미쳐야 합니다. 더 작고, 더 민첩하고, 더 앞서 나가는 기업에 유리한 환경을 만들어야 합니다.

사고적 리더십은 브랜드 인지도와 영역 리더십 둘 다를 주도합니다.

새로운 영역이란 고객이 어떤 문제를 인식하고, 이에 대해 알려 하고, 해결책을 찾으려 할 때 생겨납니다. 우리 모두 사고적 리더 로부터 조언과 명확한 정보를 얻고자 합니다. 비전과 실용적 조언 을 함께 제시하는 열정적 창업자는 일찌감치 떠오르는 영역의 사 고적 리더가 될 수 있습니다.

지식이 풍부한 초기 스타트업 멤버가 고객과 업계 전문가가 찾 는 정보 원천이 되어서, 회사의 인지도와 브랜드를 유기적으로 강화합니다. 예를 들어, 인게이지오의 공동창업자이자 마케토의 공동창업자였던 존 밀러는 계정 기반 마케팅 영역에 대하여 뛰어 난 책을 저술하고, 블로거로 활동하고, 여러 행사에서 강연하면 서, 일찍부터 많은 투자를 통하여 그 영역의 사고적 리더십을 얻 었습니다. 인게이지오는 이 새로운 영역에서 독창적이고 값진 콘 텐트를 제공함으로써 검색순위 최상단에 올랐습니다. 스타트업 의 사고적 리더십은 영역 리더십에 대한 인식과 인정을 이끌어 냅니다.

사고적 리더십은 고객의 존중을 받습니다.

창업자가 사고적 리더라면 시장과 고객을 교육해야 하고, 관련 산 업을 돕는 커뮤니티의 중요한 구성원으로 스스로를 부각시켜야 합 니다. 인게이지오의 영업부사장이자 마케토의 영업부사장이었던 레이 캐럴Ray Carroll은 사고적 리더십을 다음과 같이 설명합니다.

"판매하지 않고도 구매자의 잠재의식 속에 들어가는 것입니다. 사고적 리더십이란 '얻기 위해 주는 것'의 최고 수준입니다. 구매자에게 도움이 되는 객관적 조언을 무료로 제공하면 그들은 당신을 다르게 바라볼 것입니다."

사고적 리더십: 고객과의 대화 수준을 기능비교 수준 이상으로 높인다.

종종 고객은 기존 제품과 업체에서 파생된 문제를 해결하기 위한 요구사항을 최우선으로 제시하면서 스타트업 창업자와 미팅을 시작합니다. 그런데 이런 설정이라면 기존 플레이어가 이길 수밖에 없습니다. 영리한 창업자라면 이런 게임을 하지 않습니다. 대신에, 영리한 창업자는 사고적 리더십으로 공격하여 단순한 기능비교 이상의 무엇이 있음을 고객이 알게 하여, 고객과의 대화 수준을 높입니다. 고객에게 사고적 변화를 일으키고, 그들의 "새로운 사고"의 일부가 되어, 새로운 전략을 포용하게 하고, 새로운 기술 과제를 해결해 주는 것입니다. 이런 새로운 대화에서 기존 플레이어는 빠르게 쓸모없어지고, 이제 스타트업이 의제를 설정하게 됩니다.

사고적 리더십: 믿을 수 있고, 도발적이어야 합니다.

효과가 있으려면 사고적 리더는 새로운 영역에 대해 조언을 하지만, 이것을 남과 구별되고 믿음이 가는 목소리로 전달해야 합니다. 가장 중요한 것은 그 조언이 고객에게 가치가 있어야 한다는 것입니다. 도발적인 사고적 리더십은 논란을 일으켜 시장의 인지도를 높일 수는 있지만, 여전히 "옛날 방식"에 집착하는 다수의 고객을 소외시킬 위험이 있습니다. 까다로운 균형을 잡아야 합니다. 그러나 스타트업은 기존 기업에 비해 큰 이점이 있습니다. 기존 기업은 그 위치를 지키기 위해 죽도 밥도 아닌 혼란스러운 메시지를 전달하지만, 스타트업은 필요할 때 도발적인 사고적 리더십을 전달할 수 있습니다.

마케토:
사고적 리더십으로 고객의 개인적 성공에 도움을 주다

마케토의 사고적 리더십 전략은 다음의 간단한 메시지로부터 시작합니다. "마케팅 담당자는 CEO 및 영업부사장과 함께 회사 수익을 논의하는 자리에 앉을 자격이 있다. 수익 혁명에 동참하라. 마케팅 제국을 건설하는 데 도움이 되어라!"라는 메시지입니다. 블로그, 책, 가이드북, 이벤트, 소모임 등을 통해 마케토는 앞서 나가고자 하는 마케팅 전문가들에게 중요한 자원으로 자리매김했습니다. 예를 들어, 한 젊은 마케터가 마케토 컨퍼런스에 참석하기 위해 자비로 대륙을 횡단하여 날아왔습니다. 왜일까요? 이 행사는 그녀에게 업계 최고의 마케팅 담당자로부터 배우고 네트워크를 형성할 수 있는 기회를 제공하기 때문입니다. 그녀 혼자만 그런 것이 아니었습니다. 5,000명이 넘는 사람들이 행사에 참석했습니다. 마케팅 담당자가 경력을 쌓는 데 마케토 전문가가 되는 것이 많은 도움이 되기 때문입니다.

사고방식 변화: 시장진출이 주도하는 문화

시장진출 가속화를 시작하면서 회사 문화는 제품개발이 주도하던 문화에서 제품개발과 시장진출이 함께 균형을 이루며 주도하는 문화로 변화해야 하며, 이에 따라 상당한 문화적 갈등이 생길 수 있습니다.

- **우선순위 갈등**: 회사의 우선순위는 이제 제품과 기술보다 영업과 고객으로부터 더 큰 영향을 받습니다. 그래서 제품개발팀은 종종 좌절감을 느낍니다("우리를 여기까지 몰고 온 우리의 영혼이 바로 제품인데, 그 영혼을 이제 잃어가고 있습니다!").
- **자원배분 갈등**: 빠르게 늘어나는 시장진출팀에 비하여 빠른 성장 속도 때문에 어려움을 겪는 기존 엔지니어링팀과 고객지원팀은 불만이 쌓입니다("우리는 간신히 유지하고 있는데, 영업만 계속 사람이 늘어납니다!").
- **보상 갈등**: 영업목표를 달성한 영업담당자와 임원은 큰 보상을 받지만, 이는 다른 모두를 섭섭하게 만듭니다("왜 그들만 그렇게 많은 돈을 받습니까? 기여는 우리 모두가 같이 했는데……").

이런 갈등이 생길 것을 미리 알고 있어야 합니다. 그리고 대부분의 회사에서 이 같은 갈등이 생기기에 이를 위안 삼아도 됩니다.

모두 뛰어난 제품을 가지고 있다고 가정하면, 좋은 회사와 성공한 회사의 차이는 열에 아홉으로 (물론 예외도 있지만) 회사가 무자비하게 시장진출을 추구하는 시장진출 기계가 되느냐, 되지 못하느냐에서 결정됩니다. 이 시점에서는 다름 아닌 무자비한 시장진출 기계가 되는 것이야말로 회사 성장을 새로운 차원으로 끌어올리고, 궁극적으로 영역 리더십을 쟁취하게 합니다. 기업 대상 B2B 스타트업의 이해 관계자 모두는 이런 무자비한 시장진출 기계가 승리할 때 같이 승리하게 됩니다.

사고방식 변화: 속도가 중요합니다. 수정은 진행해 나가면서 합니다.

회사가 시장진출 가속화 단계에 도달하면 속도가 중요합니다. 신중하게 반복하면서 완벽을 추구하던 시간은 끝났습니다. 이제는 빨리 움직일 때입니다. 고객을 확보하고, 영업 채널을 열고, 고객지원 체제를 구축합니다. 문제가 있는 경우에는 해결해야 하지만 쉽게 풀리지 않으면 나중에 다시 돌아와 해결합니다. 완벽한 실행이 아니라, 속도가 목표입니다.

이러한 변화는 한쪽에서는 회사를 가능한 한 빨리 전진하는 성장 기계로 만들려는 사람과 다른 쪽에서는 회사를 안전하게 굴러가게 하려는 운영 중심의 사람 사이에서 큰 갈등을 조성합니다. 회사는 정말 어려운 균형을 잡아야 합니다. 한편으로는 속도를 높여 빠르게 움직이고, 이에 따라 운영부채와 제품부채가 늘어나는 것을 감수해야 합니다. 다른 한편으로는 모두가 함께 나아가기 위해 고쳐야 할 문제들을 수시로 고쳐나갈 만큼 현명해야 합니다.

사고방식 변화: 신속한 채용

생존 단계에서는 인색한 채용이 올바른 모델이었습니다. 이제 번창 단계에서는 그렇지 않습니다. 성장을 주도하고 제품을 완성할 충분한 인력 확보가 영역 리더십 구축에 제일 큰 병목이 됩니다. 사람이 충분하지 못하면 리더십 경로를 이탈하게 됩니다. 사람을 선발하고 채용하고 빨리 온보딩하게 하는 것이 회사의 핵심 업무가 되고, 관리자의 핵심 역량이 되고, 경영진의 핵심 평가지표가 됩니다.

시장진출 가속화 단계에서는 회사가 구인 시스템을 구축해야 합니다. 이것은 영업 시스템 구축과 유사합니다. 먼저 구인을 책임지는 리더가 필요합니다. 다음 "우리 회사에서 일하고 싶은 이유"에 대한 강렬한 메시지가 필요합니다. 또한 채용 관리자의 강력한 지원을 받아 구인 프로세스를 실행하는 구인전담 팀이 필요합니다. 구인 시스템을 제대로 구축하려면, 영업에서 영업 파이프라인을 추적하는 방식과 마찬가지로, 구인에 대해서도 구인 파이프라인과 채용을 추적하는 지표를 만들어야 합니다. 뛰어난 구인 담당자란 잠재 구직자에게 회사를 잘 팔 수 있는 사람입니다. 이는 우연이 아닙니다. 구인과 영업은 매우 유사한 프로세스입니다.

공격적 채용은 녹록지 않습니다. 생존 단계에서 분기에 20명을 채용했다면, 번창을 위한 가속화 단계에서는 매달 또는 매주 20명을 채용해야 할지 모릅니다. 근본적 변화입니다. 과거의 인재 풀에서 더 이상 채용을 완료하기 힘듭니다. 이제 구인은 관리자 주도의 부차적 활동에서 벗어나 모두의 핵심 활동으로 바뀝니다. 신속한 채용은 직원 관리와 직원 선발 둘 다를 필사적으로 동시에 책임져야 하는 채용 관리자에게는 너무 힘든 일입니다. 위험 신호를 주시해야 합니다.

"너무 바빠서, 채용을 생각할 시간이 없습니다."

"모든 후보자가 괜찮은 것 같습니다."

"어떤 후보자도 충분히 좋지 않습니다."

"구인 잘했다고 좋은 평가를 받는 것도 아닙니다."

팀 리더는 이제 더 이상 맡은 일의 실행만으로 평가되지 않습니다. 시장진출 가속화 단계의 리더에게는 팀원을 채용하고 팀을 구성하는 능력도 같이 중요합니다. 이 단계에서 리더는 인재 유치와 채용을 팀 문화의 일부로 삼고, 그 목표를 달성하도록 노력해야 합니다.

신속한 채용을 하면서도 문화를 유지하는 방법

신규 직원 훈련소를 운영합니다: 오라클Oracle은 이것으로 유명합니다. 신규 직원 훈련소가 없는 것을 변명해서는 안 됩니다. 신규 직원에게 회사의 문화, 사업, 목표를 가르치고, 다른 팀 동료와 네트워크를 구축할 수 있게 하는 가장 좋은 시간입니다. 귀찮고 시간이 소요되긴 합니다. 하지만 그렇게 해야 합니다. 단순히 회사의 여러 인사관리 기능 중의 하나여서도 안 됩니다. 이를 책임지는 임원이 있어야 하며, 회사 주요 경영진의 높은 참여가 필요합니다.

신규 직원에 대한 회사 문화와의 적합성을 검증하는 인터뷰: 이는 기본으로 보이지만, 대부분 회사에서는 제대로 수행되지 않고 있습니다. 채용 관리자를 교육하여, 기술과 전문성뿐만 아니라 사고방식과 문화 적합성에 대해서도 신규 직원을 인터뷰하게 해야 합니다.

신속한 채용 중에 "골칫거리 저능력자"가 끼어드는 것을 어떻게 피합니까?

피하기 어렵습니다. 팀 리더가 공격적으로 채용 목표를 달성하려 함에 따라 철저하지 못하고 선택적이지 못해서 일부 B급 직원을 채용하게 됩니다. 그리고는 일이 너무 많기 때문에, 성과가 나쁜 사람이지만 내보내는 것을 꺼려 합니다. 이를 피할 수 있다고 말하는 사람은 급하게 채용해 보지 않았기 때문에 그런 말을 할 수 있습니다. 그런데 이런 일은 일어나기 마련입니다. 그렇다면 해결책은 무엇일까요?

채용 과정 중

채용하는 팀이 아닌 다른 팀과도 인터뷰하게 합니다.

후보자가 언급하지 않은 다른 추천자로부터도 의견을 구합니다.

채용 후

팀 수준의 지속적 개선에 초점을 둡니다. 팀 리더에게는 저성과자를 정기적으로 교체해야 한다는 기대치를 설정합니다. 이는 생각보다 어렵습니다.

관리자에게 "자동교체" 권리를 주어, 성과가 모자라 내보내는 사람은 바로 새로운 사람으로 교체할 수 있게 해줍니다.

누군가를 내보낼 때는 관대하고 정중하게 합니다. 채용을 잘못했다면 그것은 회사의 잘못입니다. 회사가 사람을 내보낼 때 어떻게 하는지를 시장에서는 지켜보고 있습니다.

투자자 변화: 성장 중심으로 바뀝니다.

생존 단계의 투자자는 제품과 팀을 중심으로 판단합니다. 반면 번창 단계의 투자자는 그렇지 않습니다. 그들은 성장, 추진력, 수익성 추구에 관심이 있습니다. 그들에게는 특히 다음 세 가지 질문이 중요합니다.

- **성장**: 얼마나 빨리 성장하는가? 성장을 유지할 수 있는가? 시장은 얼마나 큰가?
- **경쟁**: 경쟁에서 승리하는 이유는 무엇인가? 경쟁우위를 지킬 수 있는가?
- **경제성**: 시장진출 플레이북이 괜찮은 단위경제를 가지고 있는가? 수익성을 높일 그럴듯한 경로가 있는가? 언제 현금흐름분기가 플러스로 돌아설까?

성장 투자자는 운영 계획과 이에 대비한 성과에 크게 신경을 씁니다. 일반 주식시장 투자자와 마찬가지로 그들은 "성과 초과 및 목표 증대"라는 관점에서 생각합니다. ① 매출 목표를 초과하고 있습니까? ② 성장 목표를 지속적으로 높이고 있습니까?

　성장 투자자는 기업가치에 과할 정도로 집착합니다. 그들이 투자한 가치가 나중에 상장되거나 인수될 때 어떻게 될지 생각합니다. 성장 투자자는 높은 기업가치로 상당한 자본을 투자하여, 시장공개로 연결되게 합니다. 그들은 제품이나 초기 시장진출 전략에는 도움이 되지 않습니다. 그러나 시장진출 가속화를 이미 경험한 후기 경영진을 찾는 데 도움이 됩니다. 그리고 경험을 바탕으로, 초기 단계 CEO가 시장진출 가속화를 하고 그 이상의 변화를 예측하는 데 도움을 줍니다.

중요한 질문: 얼마나 빨리 나아가야 합니까?

이것은 가장 중요하고 어려운 질문입니다. 그리고 시장진출 가속화를 실행해 가면서 반복해서 생각해 봐야 할 질문입니다. 그 대답은 다음 세 가지 요소, 그리고 이와 관련된 질문에 좌우됩니다.

시장진출 지표 및 영업 능력

- 기회획득비용OAC과 고객획득비용CCA에 대비한 고객생애가치LTV : 새로운 영업기회 획득에 소요되는 영업/마케팅 총비용인 기회

획득비용Opportunity Acquisition Cost은 얼마입니까? 신규 고객 획득에 소요되는 영업/마케팅 총비용인 고객획득비용Customer Acquisition Cost은 얼마입니까? 각 고객의 고객생애가치Life Time Value는 얼마입니까? 기회획득비용과 고객획득비용은 성장 대비 영업/마케팅 투자를 이야기합니다. 고객획득비용 대비 고객생애가치가 높을수록 고객을 획득할 때마다 회사가치가 더 올라갑니다.

• **시장진출 효율성:** 영업/마케팅 비용 1달러당 신규 비즈니스 가치는 얼마입니까? 영업/마케팅 비용 1달러당 고객에게 청구할 수 있는 총 청구금액은 얼마입니까? 이들은 돈이 들어가고 나가는 것에 대한 시장진출 효율성을 나타냅니다. 시장진출 효율성은 시장진출 가속화를 시작한 직후에는 낮아지지만, 이후 가속화가 느려지면서 안정화되어야 합니다. 이 시장진출 효율성 지표가 너무 높다면 충분히 빠르게 투자하지 않았다는 것이고, 너무 낮다면 가속화 속도를 늦추어야 합니다.

• **영업 역량:** 사업계획에 기준한 영업팀의 분기별 할당량은 얼마입니까? 새로 영업팀을 더 만들면 영업생산성을 얼마나 더 빠르게 높일 수 있습니까? 영업 역량에 따른 영업생산성 증가 비율은 시장진출을 가속화할 때 보유 현금 소진에 큰 영향을 미칩니다.

- **시장 추세:** 한계가 있는 시장입니까, 한계가 없는 시장입니까? 늘어나는 수요의 폭발적 물결을 타고 있는 시장입니까? 영업/마케팅 비용을 더 쓰면 더 키울 수 있는 시장입니까? 회사가 노력하면 고객생성 비율을 유기적으로 더 높일 수 있는 시장입니까?
- **경쟁 환경:** 이미 영역 리더십을 확보할 준비가 된 것으로 보이는 공격적 경쟁업체 또는 기존 업체가 있습니까?

- **보유 현금:** 자본은 충분합니까, 아니면 신속하게 자본을 조달할 수 있어, 6개월 치 현금 보유는 항상 가능한 상황입니까?
- **금융 시장:** 해당 영역의 일반 주식시장에서는 어떤 일이 일어나고 있습니까?

몇 가지 성장 알고리즘의 예

"얼마나 빨리?"라는 질문에 대하여 고려할 것은 성장속도를 결정할 때 사용할 알고리즘을 제대로 정의하는 것입니다.

- **파이프라인 알고리즘:** 잠재고객 생성과 검증에 비용을 아끼지 않습니다. 그런 다음 영업 파이프라인의 임계값을 기반으로 새 영업팀을 추가합니다. 예를 들어, 파이프라인에 추가로

200만 달러가 더해질 때마다 신규 영업팀을 채용하고, 영업 목표를 할당합니다. 이 과정을 반복합니다.

- **시장진출 효율성 알고리즘**: 영업/마케팅비용 대비 연반복매출 비율을 활용하여 영업/마케팅 투자를 결정합니다. 목표 비율을 설정하여 어디에 더 많이 투자하고, 어디에 더 적게 투자할지 판단합니다. (그 비율 설정치는 비즈니스가 반복적 성격인지 또는 비반복적 성격인지에 따라 달라집니다.)

- **보유 현금으로만 제한되는 시장 획득**: 시장기회가 무한하고 재무환경이 받쳐준다면, 영업/마케팅 효율성을 가정한 다음, 가능한 한 빠르게 성장하는 운영 계획을 수립합니다. 그 계획은 보유 현금에 의해서만 제한됩니다. 그래서 현금을 더 많이 조달하면 계획을 더 높이 세웁니다. 그런데 중요한 사항으로, 이 모델에서는 조기경보 표시가 핵심입니다. 목표를 놓치면 현금소진이 폭발적으로 늘어날 수 있고, 재무환경이 변하면 회사가 위험에 처할 수 있기 때문입니다.

계기판 및 조기경보 시스템

시장진출 가속화는 성장과 동시에 위험을 증가시킵니다. 스타트업이 시장진출 가속화를 추진하게 되면, 시장의 상황 변화에 빠르게 대응하기 위해, 성장이 늦어지거나 비용이 예측을 벗어나는 것을 보여주는 계기판과 조기경보 시스템이 필요합니다.

시장진출 가속화 단계에서 당신은 마치 카레이서처럼 당신을

미래 분기 영업 예측,
전체 영업 기회 파이프라인

당분기 매출액과
성장률

비용 예측,
총 현금소진

가용현금,
현금조달능력

그림 24: 차기영업, 당기영업, 비용, 보유 현금을 보여주는 계기판

이기려는 경쟁자로 가득한 트랙 위에서 전속력으로 질주합니다. 당신의 눈은 전방을 주시하고 계기판은 상황을 알려줍니다. 경주용 자동차의 가장 중요한 상태를 표시하는 계기판을 생각해 보십시오. 여기에는 분기매출, 비용 예측, 현금소진, 현금잔액 등이 보이며, 이와 더불어 조기경보 시스템 역할을 하는 영업 예측 및 파이프라인 잔고가 보입니다.

그 모든 지표를 유심히 살펴보십시오. 상황이 좋아지면 더 빨리 갈 수 있습니다. 상황이 나빠지면 매우 빠르게 대응해야 합니다.

대응이 느리면 회사의 현금은 금방 바닥나고, 성장은 벽에 부딪히게 됩니다.

지표가 매우 중요하지만, 다른 어떤 것도 좋은 현장지식을 대체하지는 못합니다. 영업, 마케팅, 고객만족 팀은 잠재고객, 거래체결, 경쟁 상황, 고객이탈 등과 관련하여 현장에서 일어나고 있는 일을 가장 잘 알고 있습니다. 또한 그들은 현장에서 성장을 실행하는 사람입니다. 그들의 목소리를 들어야 합니다. 현장 사람들의 목소리를 또 다른 조기경보 시스템으로 삼아 눈에 보이는 지표를 보정해야 합니다.

시장진출 가속화에서의 혼란: 재미있으면서도 두렵다

시장진출 가속화에 진입하여 가속페달을 밟기 시작하면 속도가 스릴 넘치게 빨라집니다. 경쟁자들을 백미러로 쳐다보면서, 당신은 고객을 향해 질주합니다. 고객을 얻고 또 얻어, 매출이 가속화됩니다. 뛰어난 인재들이 회사에 합류하고 싶어 합니다. 투자자들은 여러분이 더 빨리 성장하고 영역 리더가 될 수 있도록 경쟁적으로 도와줍니다(그리고 일시적으로 수익성을 덜 염려합니다). 스타트업에는 여러 종류의 스릴이 있지만, 가속이 그중 가장 재미나는 것입니다. 가능한 한 빨라야 합니다. 속도를 위해 최적화해야 합니다.

이와 동시에, 높은 속도로 경주하면 긴장이 발생하고 비즈니스가 흔들릴 수 있습니다. 고객의 요구가 증가합니다. 제품 사용이 늘어납니다. 신속한 채용과 온보딩은 쉽지 않습니다. 경쟁이 심화됩니다. 실행이 갈수록 어려워집니다. 자동차가 트랙을 돌면서 가속하면 차체 일부가 진동하고 흔들립니다. 운전자의 숙련도가 아무리 뛰어나더라도, 이 속도에서는 장애물을 치거나 중요한 엔진 신호를 놓치면 충돌하게 됩니다.

아무리 잘 계획하고 우선순위를 정해도 시장진출 가속화 중에는 문제가 발생합니다. 조직이 너무 빨리 커져서 실행이 뒤죽박죽이 될 수 있습니다. 기술부채가 너무 많아져서 고객 만족도가 떨어질 수 있습니다. 고객을 위한 주요 제품이나 서비스 출시가 늦어져 큰 거래를 놓칠 수 있습니다. 대기업이 경쟁 업체를 인수하여 고객거래를 동결시킬 수 있습니다. 다음 라운드의 자본조달을 준비하는 중에 앞선 분기의 실적이 크게 미진할 수 있습니다. 기업가치를 너무 빨리 올려버려서 실수의 여지조차 없을 수 있습니다.

시장진출 가속화는 위험을 높입니다. 시장진출 가속화를 하면 회사는 영역 리더가 될 수 있고, 이는 매우 중요합니다. 하지만 동시에 더 많은 자본을 조달해야 하고, 더 많은 일을 신경 써야 합니다.

하나를 고치면 다른 것이 고장납니다: 성공과 고통의 플라이휠

영역 리더십은 지속적 가속을 요구합니다. 하나의 성공 마일스톤

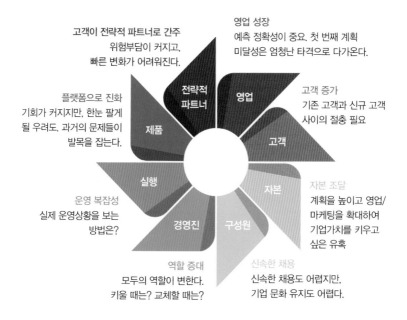

고객이 전략적 파트너로 간주
위험부담이 커지고,
빠른 변화가 어려워진다.

영업 성장
예측 정확성이 중요. 첫 번째 계획
미달성은 엄청난 타격으로 다가온다.

플랫폼으로 진화
기회가 커지지만, 한눈 팔게
될 우려도. 과거의 문제들이
발목을 잡는다.

고객 증가
기존 고객과 신규 고객
사이의 절충 필요

전략적
파트너

영업

제품

고객

실행

자본

자본 조달
계획을 높이고 영업/
마케팅을 확대하여
기업가치를 키우고
싶은 유혹

운영 복잡성
실제 운영상황을 보는
방법은?

경영진

구성원

역할 증대
모두의 역할이 변한다.
키울 때는? 교체할 때는?

신속한 채용
신속한 채용도 어렵지만,
기업 문화 유지도 어렵다.

그림 25: 성공과 고통의 플라이휠

에 도달한 것은 축하할 기회입니다. 하지만 아이러니하게도 이는 새로운 고통의 기회를 열어놓습니다. 성공과 고통의 플라이휠에 온 것을 환영합니다!

영업 성장: 예측 정확성과 이에 따른 고통

회사는 영업기계가 되어 성장을 이끌어 왔습니다. 분기마다 매출이 증가하고, 영업/마케팅에 더 큰 투자를 합니다. 정확한 예측은 더 어려워지지만, 이는 재무계획을 짜는데도 중요하고 투자자에게는 더욱 중요합니다. 회사 구성원, 투자자, 시장 모두가 운영 계획 초과를 당연하게 생각하고, 이에 익숙해져 있습니다. 그런데 처음으로 계획을 달성하지 못하면 어떤 일이 벌어질까요? 고통, 엄청난 고통이 발생합니다. 구성원과 투자자의 신뢰에 엄청난 손상이 생깁니다. 그리고 더욱 힘든 것은, 비용지출과 사람을 빠르게 조정을 해야만 한다는 것입니다.

고객 증가: 신규 고객과 기존 고객 사이의 우선순위 절충

고객이 수백 수천 단위로 빠르게 증가하면서 제품에 대한 고객대응과 지원에 있어서 문제가 물밀 듯 발생합니다. 제품의 새로운 기능을 훨씬 더 많은 고객이 사용하면서, 기술적 결함은 이제 더 많은 고객에게 영향을 미치며, 종종 심각한 이슈가 되기도 합니다. 제품의 현장 적용이 늘어나면서 여러 변수와 사용 사례가 폭발적으로 늘어납니다. 기존 고객에게 더 나은 서비스를 제공해야 할지, 아니면 신규 고객 확보에 치중해야 할지, 그 사이에서 자원 할당이 어려워집니다.

밥 팅커 "빠르게 고객이 증가하면 제품/지원 팀이 감당하기 쉽지 않습니다. 바로 6개월 전에는 소수의 고객을 대상으로 제품-시장 최적화를 반복하였는데, 이젠 동일한 제품이 분기당 100여 신규 고객에게 사용되기 시작합니다. 그리고 많은 대형 고객들은 미션 크리티컬 상황에 우리 제품을 적용하기 시작합니다. 제품/지원팀은 신규 고객 수용과, 밀어닥치는 지원 문제 해결과, 반복 가능한 프로세스 구축을 동시에 해내야 합니다. 그런데 필요한 자원을 이 모든 것에 충분히 제공할 수는 없습니다. 누군가는 항상 부족함을 느끼게 됩니다."

자본 조달: 유혹과 현실의 균형

시장진출 가속화에는 자금이 필요하고, 그리고 투자자는 당연히 성장에 투자하고 싶어 합니다. 이러한 열의는 스타트업에 더 많은 자본을 조달하고 더 큰 기업가치를 얻기 위해 운영 계획 목표를 높이려는 유혹을 불러일으킵니다. 운영 계획이 너무 도전적이면 실수의 여지가 없어집니다. 스타트업이 기업가치를 더 키우고 싶은 유혹을 받는 것은 당연합니다. 기분이 우쭐해지고, 지분희석이 최소화되기 때문입니다. 하지만 실행에 변수가 생기면 기업가치에 대한 의문이 제기되고, 다음 라운드에서 그 전과 같은 평가를 받거나 더 낮은 평가를 받을 위험에 처합니다. 그러면 스타트업 정신에 불필요한 손상이 생깁니다. 기업가치 기대치를 적절히 조정하여 실수의 여지를 가지며, 기업가치가 매 라운드마다 합리적으로 상승하도록 하는 게 좋습니다.

구성원: 급성장에 따른 부담

시장진출 가속화를 하려면 신속하게 채용하여 회사를 키워야 합니다. 그런데 이 과정에서 기업 문화 유지가 어려워지고, 골칫거리 저능력자가 조직에 끼어드는 것을 피하기 어렵습니다.

경영진: 변화에 대한 부담

시장진출 가속화는 회사를 변화시킵니다. CEO의 역할이 바뀝니다. 경영진의 역할이 바뀝니다. 일부 팀은 얼마 전의 회사 전체보다 더 커집니다. 그러면 다음과 같은 질문이 생깁니다. 새로운 역할에 맞추어 자신을 변화시킬 수 있는 경영진은 누구입니까? 그렇지 못하여 교체되어야 할 경영진은 누구입니까? (이 질문은 제2권, 『생존을 넘어 번창으로: 기업 구성원의 여정』의 주요 주제입니다.)

실행: 성장으로 회사 운영 복잡성 증가

시장진출 가속화로 회사 전반에 걸친 운영 복잡성은 빠르게 증가합니다. 수십 개의 신규 활동이 동시에 진행되고, 이에 따라 회사의 운영 추적 역량에 부담이 갑니다. 기존 프로젝트와 신규 활동을 제대로 하려면 팀 간에 더 긴밀한 협력이 필요합니다. 영업 예측은 마케팅, 영업, 제품출하, 고객만족 등 여러 변수의 복잡한 조합에 의존합니다. 성공 지표가 변하고 복잡해지면서, 임직원들은 회사 내부에서 실제로 어떤 일이 일어나고 있는지 알기 어려워집니다.

제품 확장: 플랫폼 확장 또는 감내할 고통?

시장진출 가속화를 하려면 종종 인접 제품이나 시장 영역으로 플랫폼을 확장하게 됩니다. 이때 다음과 같은 중요한 질문을 하게 됩니다. 이 확장이 더 큰 플랫폼 전략의 일부입니까, 아니면 한눈

파는 것입니까? 플랫폼 확장은 신규 개발, 신제품 출시, 새로운 에코시스템을 필요로 하며, 전반적으로 운영 복잡성을 크게 증가시킵니다. 기술팀이 이에 반대하는 경우, 시장진출팀은 단순히 더 많은 엔지니어를 고용하자고 말합니다. 특히 시장진출 가속화 단계에서는 자본비용이 낮기 때문에 그런 주장을 펼칩니다. 그런데 기존 비즈니스 투자와 비교하면, 신규 플랫폼 활동이 경영에 미치는 영향은 측정하기가 훨씬 더 어렵습니다. 또한 제품-시장 최적화 단계에서 여러 반복 작업을 거치면서 편하자고 택했던 쉬운 지름길이 이제 와서는 도리어 우리 발목을 잡는 경우도 많습니다. 기존 제품의 강화와 신규 플랫폼으로의 확장 사이에서 힘든 절충을 해야 합니다.

고객의 전략적 파트너 되기: 양날의 검

성공: 당신 제품이 고객에게 전략적 역할을 하게 되어, 그들의 비즈니스와 운영에 매우 중요해집니다. 고객은 새로운 기능, 더 큰 규모, 심지어는 새로운 제품까지 개발해 주기를 끊임없이 요청합니다.

고통: 고객이 당신 제품에 크게 의존하면서 더 신중하고 더 정밀해야 하기에 회사의 성장 속도가 느려지는 것처럼 느껴집니다.

플라이휠 현상은 정상입니다. 당연하게 여기고, 이로부터 배워야 합니다.

플라이휠에 올라타면 빠른 속도에 신나기도 하고, 발생하는 문제로 골치 아프기도 합니다. 새 마일스톤에 도달할 때마다 새로운 문제가 보입니다. 회사 구성원이 이런 문제를 어떻게 예상하고 어떻게 해결하는가에 따라, 금방 사라질 반짝 성장인지 아니면 영역 리더십이 될 지속 성장인지, 그 운명이 결정됩니다. 가속화는 성공과 고통의 혼합입니다. 구성원과 CEO 모두에게 쉽지 않습니다.

밥 팅커 "가속화는 골치 아픕니다. 많은 것이 잘못됩니다. 이 단계의 어려운 점은 무엇부터 고칠지 우선순위를 정하고, 나머지는 기다려야 한다는 것입니다. 고통스러운 일이며, 특히 자기 문제가 해결되지 않는 구성원에게는 매우 언짢은 일입니다. 그들에게 전해지는 메시지는 아마 다음과 같을 것입니다. '당신이 지금 하는 일은 중요합니다. 계속 열심히 일해야 합니다. 하지만 구원병이 지금 바로 오지는 못합니다.' 뻔뻔스럽게 들리겠지만, 이게 바로 현실입니다."

좋은 소식은 스타트업이 플라이휠에 올라타 있다면 비즈니스가 영역 리더십으로 가속화되고 있다는 뜻입니다. 플라이휠이 한번 회전할 때마다 성공을 축하할 기회와 새로운 고통을 극복할 기회가 생기는 것입니다. 이런 현상은 완전히 정상입니다. 그리고 회사와 구성원에게 굉장한 전문적이면서 개인적인 성장의 기회를 가져다줍니다.

욕 나오는 순간

장담컨대, 나쁜 일도 분명 일어납니다. 어떤 것은 자체 잘못에 기인하고, 어떤 것은 시장에 기인합니다. 이를 마주할 정신적 준비가 되어 있어야 합니다.

밥 팅커 "우리가 잘하고 있어서 회사가 잘나가는 동안에도, 회사는 언제나 난기류에 부딪힐 수 있다는 것을 구성원들에게 미리 상기시키라고 충고하는 사람이 있었습니다. 저는 그들의 조언에 좀 더 유념해야 했습니다. 난기류가 생길 수 있다는 것을 예상하고, 이에 준비해야 합니다. 구성원이 난기류에 대응하는 방식이 회사의 장기적 성공을 좌우합니다."

나쁜 일이 일어나면 이를 정면으로 마주해야 합니다. 인정하고, 행동계획을 세우고, 신속하게 대응해야 합니다. 여기서 대응이란 주요 제품의 출시 보류, 채용 중단, 비용삭감 등을 의미합니다. 주요 문제에 대한 신속한 대응이 핵심입니다. 시장진출 가속화 동안에는 빠른 대응을 하느냐, 하지 못하느냐가 기업 생사를 가를 수 있습니다.

처음으로 큰 고객을 잃었을 때	처음으로 큰 고객을 잃는 순간보다 더 생생한 순간은 없습니다. 때로는 우리가 고객 요구를 의도적으로 충족하지 않았기 때문이기도 하고, 때로는 우리는 최선을 다했으나 고객이 우리를 버리기도 합니다. 아무튼 괴롭습니다.

최악의 순간에 핵심 경영진을 잃는 경우	분기 상황이 매우 안 좋거나 어려운 제품 출시를 앞두고 있어, 모두가 있는 힘을 다해 회사를 꾸려가고 있습니다. 그런데 핵심 경영진 한 명이 사무실에 들어와 "사직하겠다"라고 합니다. 당신의 반응은 "지금? 정말?"일 수밖에 없습니다. 그의 퇴사에 따른 여러 영향이 당신 머릿속을 번쩍이며 지나갑니다. '실행에는 어떤 영향이 있을지?', '구성원에게는 어떤 의미일지?', '부수적 영향은 무엇일지?', '어떻게 설명해야 할지?' 엄청 괴롭습니다.
자본조달 도중에 영업목표 미달성	매 분기마다 경영 성과가 중요합니다. 그런데 자본조달 중에는 두 배로 중요합니다. 자본조달을 진행하는 도중에 영업목표를 놓치게 되면 엉망이 됩니다. 최선의 경우에는 신뢰도가 떨어지고 기업가치 평가에 영향을 받는 정도로 끝이 나지만, 최악의 경우에는 투자자가 겁을 먹어 자본조달을 못 하게 되고 회사는 곤경에 처하게 됩니다. 정면으로 부딪혀야 합니다. 자본조달을 하고 난 뒤에 영업계획을 수정하여 투자자를 놀라게 하지 마십시오. 영업목표 미달성은 비록 나쁜 것이지만, 불행 중 한 가닥 희망이 될 수 있습니다. 이런 상황에서 당신이 취하는 조치와 행동은 당신의 비즈니스에 대한 이해도와 역경에 도전하는 당신의 끈기를 투자자에게 보여주는 기회가 됩니다. 그러면서 회사 경영진에 대한 투자자의 신뢰도를 높이는 기회가 됩니다.

이런 욕 나오는 순간이 닥칠 때마다 중요한 것은 침착하고 객관적으로 대응하고, 이를 헤쳐나가는 것입니다. 대부분의 경우 구성원들은 어떻게 대응해야 할지에 대한 묵시적 또는 명시적 지침을 CEO에게서 찾습니다. 이런 순간마다 경영진을 얼마나 믿을 수 있을지 테스트하게 되는 것입니다. 그러면서 결국 경영진이 이런

테스트를 다음에도 얼마나 잘 헤쳐나갈지 판단하게 됩니다.

어떤 경우에는 이로부터 얻는 이점도 있습니다. 이런 욕 나오는 순간은 변화를 일으키는 유용한 촉매제가 되기도 합니다. 모든 것이 순조로울 때보다 더 빠르게 변화를 일으키는 촉매제입니다. 충고하는데, 이런 좋은 위기를 그냥 낭비하지는 마십시오.

총체적 혼돈을 피하는 방법

명확한 비전과 문화가 있는가?

빠르게 성장하는 동안 언제나 크고 작은 수많은 결정을 내리게 됩니다. 빠르게 성장하면서도 일관된 방향을 유지하는 방법은 무엇일까요? 회사 위아래에서 어려운 절충은 어떻게 해나가나요? 새로운 구성원을 어떻게 통합하나요?

이에 대한 답은 회사의 비전과 문화에 회사 구성원을 정렬시키라는 것입니다. 비전은 모든 사람이 같은 방향을 바라보게 합니다. 문화는 좋을 때나 나쁠 때나 구성원을 하나로 묶고, 힘든 결정에 대한 지침을 제공해 줍니다. (제2권의 제5장, "문화" 참조.)

회사와 팀의 목표를 명확히 설정한다,
맞물린 상황과 문제점을 해결한다.

최상위 회사 목표와 팀 목표	CEO는 회사의 최상위 목표를 설정하고 이를 구성원과 대화해야 합니다. 이는 다년간에 걸친 큰 목표이거나 향후 12개월 동안의 목표일 수 있습니다. 각 부문의 부사장은 자기 팀을 위한 기능적 최상위 목표를 가져야 합니다. 좋은 방법으로는, (1) 각 경영진의 목표를 투명하게 밝혀, 회사의 모두가 알게 합니다. (2) 신규 직원 훈련소에서 그 목표를 이야기하게 합니다.
분기별 목표 및 정기적 간부 워크숍	매 분기마다 주요 간부들을 모아서 분기별 목표의 진척 상황을 추적하고 다음 분기의 목표를 조정합니다. 문제가 있으면 파악하고 해결합니다. 그리고 간부들 간의 결속력을 강화하기 위해 함께 시간을 보냅니다. 가속화를 하는 동안 정말 바쁘면, 종종 저항이 있을 것입니다. "우리는 너무 바빠서 이번 분기에는 워크숍 할 시간이 없습니다." 그렇더라도 어쨌든 하게 해야 합니다. 교조적일 정도로, 꼭! 주요 간부들이 값진 시간을 함께 보내는 것보다 중요한 것은 아무것도 없습니다.
맞물린 상황 및 문제점 해결	많은 회사에서 구글의 OKR ^{Objective and Key Results} 모델을 사용합니다. 그러나 회사와 경영진을 움직이는 데 있어서 OKR 모델에는 두 가지 중요한 개념이 빠져 있습니다. 1. 맞물림/종속성: 한 경영진의 목표는 종종 다른 경영진의 실행에 달려 있습니다. 목표를 설정할 때 이를 밝혀서, 이런 맞물린 상황이 명시적으로 보이게 해야 합니다. 2. 회사 수준의 문제점: 종종 문제점은 목표와는 별개로 추적됩니다. 팀 수준이 아닌 회사 수준의 문제점이라면 회사 목표와 동일한 수준의 관심과 위상을 갖도록 해야 합니다.

실행 진척도 정기적 의사소통과 프로그램 검토

정기적 의사소통은 지루하게 들립니다. 경영진 회의, 활동검토 회의, 의견수렴 회의, 영업/마케팅 회의, 전원 회의, 이런저런 회의, 회의, 회의. 제반 회의를 살펴서 불필요하거나 어리석은 회의를 최소화하는 것이 분명 중요하지만, 실행을 위해서는 정기적 의사소통과 개인 및 팀 토론은 꼭 필요합니다. 의사소통과 프로그램 검토 방식을 살펴서 이를 재설계할 기회를 만듭니다.

시장진출 가속화:
빠르게 움직이고, 소통하고, 실행한다.

티엔 추오, 주오라 CEO

주오라가 시장진출 가속화 단계에 진입하고 빠르게 성장하기 시작했을 때 티엔은 자신과 경영진이 더욱 빠르게 실행할 수 있도록 소통을 강화해야 할 필요성을 느꼈습니다. 그는 세 가지 주요 사항을 변경했습니다.

1. 주간 간부회의를 1시간에서 3시간으로 연장하고, 한 달에 한 번은 하루 종일 합니다.
2. 계획과 결속을 위하여, 분기별 하루 또는 이틀 워크숍을 합니다. 이때 참석 대상자는 상위 30명의 임직원으로 확대합니다.
3. 회사 운영 모델을 CEO 중심 체제에서 경영진 집단지성 체제로 바꾸어, 회사의 제반사항이 경영진 모두에게 보고되게 합니다. 이 변화의 일환으로 티엔은 CEO와의 1:1 회의를 논란에도 불구하고 중단했고, 해결해야 할 문제는 경영진 모두에게 제기되도록 하였습니다.

각 단계에서 다른 회의나 프로그램 검토를 추가하는 것은 누구도 하고 싶지 않은 일입니다. 하지만 어쨌든 하게 해야 합니다. 이것이 리더가 할 일입니다. 실행은 정기적으로 대화하고, 화이트보드에서 논의하고, 조정해 나가는 것에 달려 있습니다. 또한 정기적 토의와 비즈니스 검토에서 얼마나 효과적으로 진척 상황을 측정하고, 문제를 발견하고, 결정을 내리는가에 달려 있습니다. 단순히 이메일을 보내는 것은 실행이 아닙니다. 상호작용을 해야 합니다. 이런 실행에 박차를 가해야 합니다. 회사의 성공은 이에 달려 있습니다.

영역 리더십으로의 가속화는 재미있고 또한 두렵습니다

번창 단계로 들어서서 영역 리더십을 향해 가속화해 나가는 것은 매우 긴장되는 느낌입니다. 큰 문제에 마주치게 됩니다. 편치 않습니다. 하지만 짜릿합니다. 당신의 임무는 간단합니다. 진정한 가치를 제공하고 세상을 변화시키는 새로운 비즈니스 영역을 구축하려 달려나가는 것입니다. 그러니 속도를 높이고, 실행에 박차를 가하고, 피할 수 없는 과속방지턱에 대비하고, 꽉 잡아야 합니다!

○ 번창 단계에 들어오신 것을 환영합니다! 회사는 시장진출 가속화로 기어를 바꾸어, 계산된 무모함으로 움직입니다.

○ 시장진출 가속화의 핵심 목표는 영역 리더가 되는 것입니다. 그 비결은 얼마나 빨리 앞으로 나아갈지 판단하는 것입니다. 언제 속도를 높이고, 언제 속도를 낮추고, 언제 방향을 바꿀지 판단해야 합니다.

○ 시장진출 가속화를 하려면 사고방식, 실행, 문화에 있어서 중대한 변화가 필요합니다. 채용 기계가 되어야 합니다. 시장과 사고적 리더십에 혈안이 되어야 합니다. 시장진출 가속화 계기판을 만들어야 합니다. 문제에 빠르게 대응해야 합니다. 빠른 대응이 벽에 부딪히느냐 않느냐의 차이를 만듭니다.

○ 시장진출 가속화는 당신과 구성원 모두에게 힘든 일입니다. 그간 동작하던 방식이 더 이상 동작하지 않습니다. 당신은 성공과 고통의 플라이휠에 올라타 있습니다. 아이러니하게도 성공은 또 다른 문제를 불러옵니다.

○ 장담컨대, 나쁜 일도 분명 일어납니다. 어떤 것은 자체 잘못에 기인하고, 어떤 것은 시장에 기인합니다. 이를 마주할 정신적 준비가 되어 있어야 합니다.

○ 회사의 비전과 문화는, 엄격한 실행 규율과 결합되면서, 전체적 혼란에 대한 해결책이 됩니다.

○ 스타트업이 시장진출 가속화 단계를 성공적으로 거치고 나면, 완전히 다른 회사로 변모합니다.

NOTE

제5장

지속 가능한 업종
리더십 성취

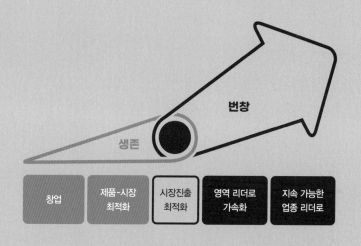

번창

생존

| 창업 | 제품-시장 최적화 | 시장진출 최적화 | 영역 리더로 가속화 | 지속 가능한 업종 리더로 |

스타트업은 먼 길을 거쳐 여기까지 도달합니다. 초기 구성원들의 노력으로 여러 번의 반복을 거쳐 제품-시장 최적화를 해내고, 초기 고객을 확보합니다. 그 과정에서 가끔 편한 지름길을 택하기도 합니다. 고객의 시급한 문제에 초점을 맞춘 분명한 시장진출 모델을 가지고, 이를 반복 가능한 시장진출 플레이북으로 만들어 시장을 공략하여, 시장진출 최적화를 이루어냅니다. 그런 다음, 계산된 무모함으로 무장하여, 피 흘리면서도 다른 경쟁자들을 빠르게 헤쳐 나갑니다. 대기업은 경쟁기업을 인수하여 시장에 진출하려 듭니다. 이 기간 동안, 회사의 모든 뇌세포와 근육섬유는 경쟁에서 승리하고 성장을 주도하기 위하여 고객 확보와 엔지니어링 기능에 초점을 맞춥니다. 그러면서 기술부채와 사업부채도 발생하게 됩니다. 그런 와중에 격렬한 실행, 구성원 변화, 힘든 장애물, 가끔은 기분 좋은 행운을 거쳐서 스타트업은 놀라운 성과를 이루어냅니다. 실제로 수익을 내고 해당 영역의 리더로 자리 잡는 그런 실체를 가진 회사가 되는 것입니다. 이는 정말 대단한 업적입니다!

이제 다음 도전은, 빠르게 성장하는 영역 리더 수준을 뛰어넘어, 지속 가능한 업종 리더가 되는 것입니다. 이를 성취하는 기업은 대부분 새로 시장공개되는 기업으로, 업종 리더가 되기 위하여 많은 자본을 조달하여 성장을 가속화하고 인접 영역의 제품과 시장에 진출합니다. 지속 가능한 업종 리더가 되는 것은 또 다른 큰 도전이지만, 엄청난 주주가치를 창출하고 회사의 미션을 분명하게 보여줍니다. 영역 리더에서 업종 리더로 성공적으로 도약한 기업의 주목할 사례는 다음과 같습니다.

시스코Cisco: 라우터 영역을 넘어, 네트워킹 업종을 선도.

서비스나우ServiceNow: IT 헬프데스크 영역을 넘어, IT운영 업종을 선도.

스플렁크 Splunk: IT 분석 영역을 넘어, IT 머신데이터 업종을 선도.

팔로알토네트웍스Palo Alto Networks: 방화벽 영역을 넘어, 네트워크 보안 업종을 선도.

오라클Oracle: 데이터베이스 영역을 넘어, 기업용 소프트웨어 업종 리더로 자리매김.

에스에이피SAP: ERP 영역을 넘어, 기업용 소프트웨어 업종 리더로 자리매김.

세일즈포스Salesforce: 클라우드 CRM 영역을 넘어, 기업용 클라우드 소프트웨어 업종을 선도.

2013년에 상장되고(박스, 파이어아이FireEye, 님블Nimble, 링센트럴Ring-Central, 타블루Tableau, 비바Veeva), 2014년에 상장되고(에어로하이브Aerohive, 아리스타Arista, 호톤웍스HortonWorks, 허브스팟Hubspot, 모바일아이언, 뉴렐릭NewRelic, 젠디스크Zendesk), 2015년에 상장된(아틀라시안Atlassian, 퓨어스토리지Pure Storage) B2B 스타트업과 또 다른 여러 기업이 이런 도약의 과정 중에 있습니다.

도전: 지속 가능성과 도약

지속 가능한 업종 리더로 도약하는 데 어려운 점은 회사가 다음 두 가지 변화를 동시에 해내야 한다는 것입니다. 먼저, 회사가 지속 가능하도록 기어를 바꾸어 수익을 낼 수 있어야 합니다. 동시에, 초기 영역을 뛰어넘어 전체 업종 리더가 되어야 합니다.

지속 가능성을 향한 추진: 지속 가능성 단계에 도달하려면 실행과 사고방식에 전환이 필요합니다. 사업 목표는 "성장, 성장, 성장"에서 "지속 가능한 성장"으로 바뀌게 됩니다. 실행 사고방식은 "지금 실행, 지금 지출, 나중에 최적화"에서 "계획에 따른 통제적 절충"으로 바뀌게 됩니다. 예측가능성과 플러스의 현금흐름이 새로 만나게 되는 투자자에게는 중요합니다. 기업 문화는 운영 우수성과 효율성을 중시하는 쪽으로 바뀌게 되어, 가속 성장을 추구하던 기존 기업 문화와 충돌하게 됩니다. 그리고 경영진 역할도 당연히 다시 바뀌게 됩니다.

업종 리더가 되기 위해 초기 영역 뛰어넘기: 초기 영역을 뛰어넘어 업종을 선도하려면 일반적으로 다음 세 가지 방법을 활용합니다. 첫째, 내부 개발 또는 인수를 통해 인접 영역으로 확장합니다. 둘째, 초기 제품을 확장하여 다중 제품 플랫폼과 생태계가 됩니다. 셋째, 신규시장 진출을 위해 새로운 시장진출 모델을 추가합니다. 이 세 가지 모두 회사에 혼란을 불러옵니다. 새로운 영역으로 진출하기 위해 회사는 시장진출 최적화를 다시 해야 할 필요가 생깁니다. 그런데 아마 가장 어려운 것은, 회사가 초기 영역에 갇혀 있지 않도록, 사고방식 전환을 통해, 내부 이미지와 외부 이미지를 재구성해야 한다는 것입니다.

위의 두 목표는 서로 모순되게 느껴질 수 있습니다. 지속 가능성을 추구하는 동안 회사는 제품 영역과 시장 진출을 동시에 확장하게 됩니다. 그러면 보유 현금이 고통스럽도록 빠르게 소진되어, 회사에 다시 혼란이 일어납니다. 새로운 유형의 투자자는 예측가능성을 중요히 여깁니다. 하지만, 예측가능성의 한계와 중요성으로 인해 비즈니스 절충은 더욱 어려워집니다. 주요 경쟁자들은 당신의 발을 물고 늘어져, 당신이 좀 더 조심스럽고 느린 성장을 추구하기를 바랍니다.

전환이 중요합니다. 이 시점에 회사의 문화와 운영은 성장에 맞취져 있고, 전 세계 여러 곳에 주요 사업장을 가지고 있고, 수천 명의 직원을 보유하고 있을 것입니다. 이제 회사는 정리할 것은 정리하고, 빠른 성장을 위해 가벼이 택했던 지름길은 운영체계 속에서 관리되게 하고, 앞으로는 보다 통제적 성장을 추구하는 쪽으로 전환해야 합니다.

지속 가능한 업종 리더가 되는 것이란 살아남으려 고군분투했던 작은 스타트업이 새로운 가치를 창출하면서 자기 미션을 만방에 펼쳐 보일 수 있는 엄청난 기회입니다. 이런 스타트업은 지금은 번창 단계의 영역 리더이지만, 곧 지속 가능한 업종 리더가 될 것입니다. 여기까지 도달하기는 정말 쉽지 않습니다.

초기 영역 뛰어넘기

일단 영역 리더십에 도달하면, 진행은 순조롭습니다. 그렇지 않습니까?

불행히도 그렇지 않습니다.

2001년부터 2015년까지 시트릭스 시스템즈Citrix CEO였던 마크 템플턴Mark Templeton은 시트릭스가 초기 영역을 뛰어넘은 경로를 설명했습니다. 시트릭스는 약 5억 달러 매출로 원격 액세스 시장에서 영역 리더였으며 수익성이 좋았습니다. 그러나 회사는 확장에 있어서 유리 천장에 부딪혔습니다. 하나의 제품과 하나의 시장경로밖에 없었고, 원격 액세스라는 단일 초점에 맞춰져 있었기 때문입니다. 회사 안팎의 모든 사람들은 더 큰 성장 여지를 제공하는 새로운 비전인 "제2막"이 필요하다는 것을 알고 있었습니다. 목표는 3년 내에 매출을 두 배 늘려, 10억 달러 매출을 만드는 것이었습니다. 그 10억 달러 목표를 실행하면서 다음 단계로 나아가기 위해 또 다른 변화와 대규모 혼란을 맞이하게 되었습니다.

프로젝트 X-1: 매출 5억 달러 영역 리더에서 매출 10억 달러 업종 리더로

마크 템플턴, 시트릭스 시스템즈 CEO(2000~2015)

매출 10억 달러의 업종 리더가 되기 위해 우리는 회사에 단계적 변화를 가져와야 했습니다. 더 큰 비전이 필요했고, 시장진출이 변화해야 했고, 제품개념이 변화해야 했고, 구성원이 변화해야 했습니다. 우리는 그간 성역으로 여겼던 많은 신념과 조직, 프로그램 등에 대해 질문을 던졌습니다. 그러면서 자생적 혼란이 생기기 시작했습니다.

우리의 정체성을 재개념화합니다.
우리는 자신을 재개념화하여, 기존 영역을 뛰어넘어 확장된 업종을 선도하는 비전을 다시 그렸습니다. 우리는 이 비전을 "가상업무공간 Virtual Workplace"이라고 부르는 열 가지 아이디어로 구성하고, 관련 유튜브 동영상과 소책자를 만들었습니다.

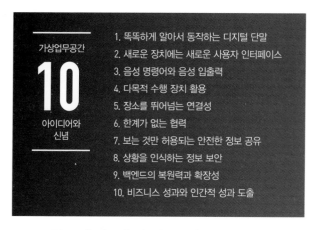

가상업무공간

10

아이디어와
신념

1. 똑똑하게 알아서 동작하는 디지털 단말
2. 새로운 장치에는 새로운 사용자 인터페이스
3. 음성 명령어와 음성 입출력
4. 다목적 수행 장치 활용
5. 장소를 뛰어넘는 연결성
6. 한계가 없는 협력
7. 보는 것만 허용되는 안전한 정보 공유
8. 상황을 인식하는 정보 보안
9. 백엔드의 복원력과 확장성
10. 비즈니스 성과와 인간적 성과 도출

그림 26: 시트릭스 시스템즈의 정체성을 다시 개념화하다.

달성 계획: 프로젝트 X-1

2003년에 우리는 성장과 변화를 위한 다년 계획을 수립하고, 이 계획을 직원, 투자자, 고객 모두와 함께 시작하였습니다. 음속 장벽을 허물은 척 예거Chuck Yeager의 여정에서 영감을 얻어, 이를 "프로젝트 X-1"이라 불렀습니다. 그 목표가 정확히 무엇인지 그리고 이 X-1에 어떤 기여를 해야 할지를 모든 사람이 제대로 아는 것이 무엇보다 중요했습니다. 그래서 우리는 X-1의 전체 목표를 세분화하여, 각 팀이 자기가 맡은 임무를 바로 알아보고 책임질 수 있도록 하였습니다.

- 매출을 5억 달러에서 6억 달러로 성장시키기 위한 새로운 핵심 제품이 필요했습니다. 우리가 아직 개발하거나 보유하지 못한 제품으로부터 2억 달러 매출을 새로이 올려야 했습니다.
- 서비스팀 매출을 전체 매출의 3%에서 9%로 높여야 했습니다.
- 모든 팀은 규모를 두 배로 늘릴 계획과, 이에 따라 팀의 구조, 일의 흐름, 관리 방식을 다시 정비할 계획이 필요했습니다.

• 우리는 당시에 한 제품으로 크게 성공한 소프트웨어 회사였지만, 마치 10억 달러 규모의 회사처럼 마케팅을 새로 시작해야 했습니다.

다시 혼란을 불러일으키다.

우리가 함께하고 있는 여정을 모두가 잘 이해하게끔 시트릭스에서는 이 그림을 그렸습니다.

이 여정에서 우리가 받을 외부 힘에 따른 영향과 우리 스스로의 실수에 따른 영향에 대해 구성원들이 올바른 기대치를 갖게 하는 것도 중요했습니다. 프로젝트 X-1에는 우리 자신에 대한 큰 믿음이 필요했고, 고객에게 새로운 제품과 경로를 제공하는 능력도 필요했습니다. 그런데 우리는 둘 다 부족했습니다. 믿음보다 끈기가 더 부족했던 것 같습니다. 이제는 되돌아갈 수 없도록. "우리를 여기까지 데려온 배를 태워야 할 시간"이었습니다. 모든 필요한 변화를 흡수하는 우리의 능력에 심각한 의심이 들던 시간이었습니다. 직원 수는 두 배로 늘어났

혼란은 10억 달러 회사로 향하는 비행 여정의 일부분이다.

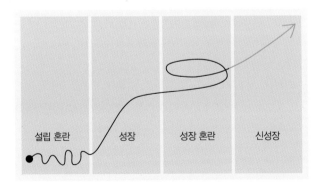

그림 27: 10억 달러 회사로 향해 가는 시트릭스의 여정과 자생적 혼란

습니다. 장기 근속자들은 빠르게 소수가 되어갔습니다. 한 전체 회의
에서 장기근속자 한 명이 "당신이 말하는 성장 메시지는 신규 직원에
게는 좋지만, 우리 같은 장기근속자에게는 어떤 의미입니까?"라고
물었습니다. 제 대답은 "믿어야 합니다. 우리의 계획, 우리 팀, 그리고
우리의 비전을 믿어야 합니다. 그렇지 않다면 그것을 믿는 사람을 위
한 자리를 마련하기 위해 당신은 떠나야 합니다." 700명의 회의장에
환호의 함성이 퍼졌습니다. 그 순간은 시트릭스 여정의 매우 중요한
순간이었습니다. 많은 장기근속자들이 회사를 떠났습니다. 그런데 이
는 그들과 시트릭스 모두에게 나쁜 일은 아니었습니다.

결과

3년 후 10억 달러를 달성했습니다. 실제로 목표를 초과하여, 11억
2,600만 달러를 달성했습니다! 그 순간을 생생하게 기억합니다. 이
과정에서 상처가 생기기도 했지만, 우리는 결국 20억 달러, 30억 달
러를 넘어섰습니다. 우리가 성취한 것을 자랑스럽게 생각합니다. 그
리고 우리는 결코 뒤돌아보지 않았습니다.

초기 영역을 뛰어넘는 회사는 드뭅니다.

매출 1억 달러(대략, 영역 리
더의 규모)에 도달했던 소프
트웨어 및 인터넷 서비스
회사 중 단 11%만이 매출
10억 달러에 도달합니다.

이 수치는 2014년에 발

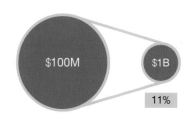

그림 28: 단지 소수의 매출 1억 달러 회사만
매출 10억 달러 회사가 됩니다.

"Grow fast or die(빠르게 성장하거나, 아니면 망하거나.)." by Eric Kutcher, James Manyika, Olivia Nottebohm, and Kara Sprague.

표된 매킨지 연구 결과입니다[*]. 1980~2012년 사이에 인터넷, 앱, 게임, 시스템 분야에서 활동한 약 3,000개 회사를 대상으로 조사한 결과, 매출 1억~10억 달러 사이의 많은 회사들이 핵심 제품 또는 서비스에 있어서 시장규모 또는 시장점유율의 한계에 부딪히는 현상을 보였습니다. 성공적으로 10억 달러 회사로 성장하고 업종 리더십을 공고히 하려면 기업은 어떻든 이런 한계를 뛰어넘어야 합니다.

한계를 뛰어넘기 위한 일곱 가지 열쇠

매킨지는 성공적으로 영역 리더를 뛰어넘어 업종 리더가 된 기업들의 다섯 가지 공통된 맥락을 정리했습니다. 거기에 우리의 두 가지를 더합니다.

한계를 뛰어넘기 위한 일곱 가지 열쇠

1. 초기 틈새시장에서 더 넓은 수평 시장 또는 여러 수직 시장으로 확장합니다.
2. 내부 개발이나 인수를 통하여 인접 솔루션 영역으로 확장판매 또는 상향판매를 하여 고객당 수익을 높입니다.
3. 여러 영업 모델과 이에 따른 시장진출 플레이북을 추가하여, 초기 시장진출 영업 방식을 강화합니다.
4. 경영진을 대체할 수 있는 자원을 늘립니다(보통 새로운 팀을 구성하여).

5. 주요 제품의 세대 변경, 새로운 표준, 신기술 도입 등을 통하여 고객과의 연결을 강화합니다("재플랫폼화"라고도 함).

6. 고객과 생태계가 우리 플랫폼에 의존하여 자기들 역량을 구축하게끔 우리 제품 주위로 플랫폼 중력을 키웁니다.
7. 가장 중요한 것은 사고방식의 변화입니다. 초기 영역에 갇혀 있지 않도록 회사의 내부 이미지와 외부 이미지를 재구성합니다.

이 장을 소개하면서 언급했던 지속 가능한 업종 리더로 성장한 회사들(시스코, 서비스나우ServiceNow, 스플렁크Splunk, 팔로알토네트웍스Palo Alto Networks, 오라클, 에스에이피SAP, 세일즈포스) 각각은 위에 언급한 일곱 가지 전략을 혼합하여 실행하고 있습니다.

업종 리더십을 향한 경로

업종 리더십을 향한 경로는 사고방식과 실행에 전환을 요구합니다. 기업은 내부적으로 스스로를 다시 살펴봅니다. 그리고 초기 영역에 갇혀 있지 않도록 외부 이미지를 재구성합니다. 인접 영역을 포함하도록 비전을 확장합니다. 이러한 확장에 대해 직원을 재교육하고 시장을 재교육합니다. 인접 시장에 진출하기 위한 회사

실행 전환	사고방식 전환
신규 시장진출 추가 인접 영역 공략 제품 → 플랫폼과 생태계	영역 리더 → 업종 리더 초기 영역에 머물려는 중력을 극복
시장 전환	**투자자 전환**
업종 경쟁 치열화 총구를 겨누는 신규 스타트업 Catch-22 상황: 혁신가 딜레마 탈출	인접영역 진출을 위한 인수합병 자금을 일반 주식시장에서 조달

차원의 구체적 목표를 설정합니다. 재무 계획에 따른 목표에 베팅합니다. 기존의 핵심 영역 시장 수요만 쳐다보는 관성에서 벗어나기 위해, 이 관련 에너지를 의식적으로 줄이면서 이를 극복하려 노력합니다. 그러지 않으면 이것이 모든 예산과 에너지를 흡수해버리기 때문입니다.

인접 영역에서 성공하려면 기존 핵심 영역을 성공으로 이끌었던 동일한 프로세스를 인접 영역에서도 반복해야 합니다. 새로운 제품-시장 최적화를 하고, 시장진출 최적화를 하고, 영역 리더십으로 가속화합니다. (인수합병이 이 프로세스를 더 빠르게 할 수도 있습니다.) 여러 면에서 이런 새로운 활동은 스타트업 내의 스타트업 면모를 보입니다.

신규 시장진출의 추가

시장진출을 추가하는 방법에는 여러 가지가 있습니다. 새로운 고객 세그먼트(대기업, 중견기업, 중소기업), 새로운 지역, 새로운 채널, 새로운 영업 모델 등을 추가합니다. 이 경우 두 가지가 핵심입니다. ① 신규 시장진출을 위하여 추가로 시장진출 플레이북을 개발하고 반복하여 완성합니다. (업종 리더는 하나 이상의 플레이북을 가지고 있습니다.) ② 진척 상황을 추적하고, 문제를 파악하고, 향후 계획을 짜기 위하여 성과측정과 자원투자에 대한 별도의 지표를 마련합니다.

인접 영역 공략

자체 개발을 하든 인수를 하든 관계없이 신제품 출시는 쉽지 않습니다. 회사는 이제 수천 명의 고객과 검증된 시장진출팀을 갖고 있지만, 그렇다고 이게 단순히 신제품을 회사의 제품 리스트에 추가하기만 하면 바로 성공으로 이어진다는 것을 의미하지는 않습니다. 전혀 그렇지 못합니다. 외부적으로는 회사가 고객과 시장 전문가를 재교육하여, 더 이상 그들이 원래 영역에 한정해서 우리 회사를 쳐다보지 않도록 해야 합니다. 내부적으로는 신제품팀이 제품-시장 최적화와 시장진출 최적화를 반복하여 신제품이 조속히 힘을 받을 수 있도록 새로운 시장진출 플레이북을 만들어야 합니다. 새로운 제품과 시장진출을 맡은 팀은 그간 키워왔던 기존의 근육기억을 극복해야만 새로운 제품을 잘 수용할 수 있습니다. 무의식적인 습관과 관성은 사람들을 원래 핵심시장 쪽으로 향하게 하는 미묘한 편향을 만들어, 회사 내부에서 신제품이 앞으로 나아가는 것을 어렵게 만듭니다. 종종 CEO는 전사적 목표를 분명히 하여, 인접 영역이 우리의 핵심 영역이 되도록 구체적 인센티브로 이를 뒷받침해야 합니다.

제품에서 플랫폼과 생태계로

플랫폼에는 두 가지 핵심 특성이 있습니다. ① 단일 제품 영업에서 복수 제품 영업으로 바뀝니다. ② 자기 사업을 당신 플랫폼에 의존하는 외부 생태계가 생깁니다. 제품에서 생태계를 보유한 플랫폼으로 확장하게 되면 성장을 주도할 수 있고, 고객가치를 높일 수 있고, 경쟁을 차별화할 수 있고, 고객을 장기간 유지할 수 있습니다. 그런데 플랫폼으로 전환하려면 많은 경우 시장진출 활동을 재조정해야 합니다.

> **밥 팅커** "모바일아이언이 단일제품 영업 활동에서 복수제품 플랫폼으로 전환하기 위해서는 영업, 마케팅, 채널에 관련된 모든 사람의 영업 플레이북을 변경해야만 했습니다. 이것은 우리에게 위험천만한 기회였습니다. 새로운 영업 교육만으로는 효과가 없었습니다. 우리는 보다 과감한 접근을 시도했습니다. 모든 영업담당자와 필드 엔지니어는 저 또는 다른 경영진에게 직접 새로운 플랫폼 스토리를 발표하고, 마치 저희가 고객인 것처럼 제품, 가격책정, 생태계 등의 질문에 답해야 했습니다. 그것은 저 혼자만도 75개가 넘는 개별 발표를 들어야 하는 것을 의미했습니다. 비효율적으로 보였지만 실제는 매우 효율적이었습니다. 90일 후 회사 전체의 시장진출 활동이 플랫폼 영업으로

전환되어, 성장을 주도하고 리더십 위치를 공고히 할 수 있었습니다."

생태계 개발은 스타트업에게 분명 새로운 가치를 창출합니다. 하지만 성공적 생태계를 위한 결정적 요소는 개발자, 파트너, 고객 모두에게 도움이 되는 그런 가치를 창출하는 것입니다. 그 열쇠는 "모두를 위한 플랫폼**WIFT**"이 되는 것입니다. 스타트업이 고객기반을 구축하던 것과 같은 방식으로 생태계 구축을 생각하십시오.

WIFT, 모두를 위한 플랫폼
영어로는 "What's in it for them?"이다.

생태계 파트너가 당신의 플랫폼 미션에 동참하게끔 확신을 주는 가치제안을 명확히 해야 합니다.

경쟁 환경: 잡아먹거나, 잡아먹히거나

인접 영역으로 확장하여 시장진출을 하게 되면 새로운 경쟁자군을 만나게 됩니다. 많은 자금과 시장 영향력을 가진 대규모 기존 플랫폼 회사는 이제 스타트업을 위협적 존재로 여기며 총구를 겨눕니다. 인접 영역까지 포함하도록 초점을 확장하면 소위 "혁신가 딜레마"에 봉착하게 됩니다. 더 작지만 더 한 곳에 초점을 맞춘 다른 스타트업이 이제 새로운 접근 방식으로 당신의 핵심 시장에서 당신을 붕괴시키려 듭니다. 영역 리더에서 업종 리더로 확장한다는 것은 그 표현 자체로 다른 사람의 시장기회를 빼앗고 있다는 의미입니다. 다른 사람들도 똑같은 시도를 당신에게 할 것입니다. 큰 영역에서는 수십억 달러의 시장이 걸려 있습니다. 다른 회사들이 반격에 나설 것을 예상해야 합니다. 다른 회사가 당신 기회를 뒤따라잡을 것을 예상해야 합니다. 이것이 시장이 작동하는 방식입니다. 준비해야 합니다.

초기 영역의 중력적 저항을 극복

회사의 모든 사람이 초기 영역에 바쳤던 시간과 에너지는 이제 강력한 관성으로 남아 있습니다. 기존 영역의 리더로서 가졌던 자기 정체성은 이제 새로운 영역이 정신적으로 비집고 들어올 틈을 없앱니다. 단일 제품과 문제에 무자비하게 초점을 맞추었던 초기 운영방식이 이제 도리어 회사에 짐이 됩니다. 재무 계획, 운영 모델, 심지어 언어와 문화까지 모두 초기 영역에 맞춰져 있습니다. 시장 진출팀은 새로운 영역에 진출하기 위한 새로운 플레이북을 만드는 것을 꺼려 합니다. 제품/엔지니어링팀은 새로운 영역이 요구하는 제품 개발의 우선순위를 뒤로 미룹니다. 인접 영역의 투자와 인수합병은 예측이 어렵기 때문에 재무 계획을 짜기도 어렵고, 이 단계쯤의 회사는 예측성장이 최적이라 믿는 이사회에 설명하기도 어렵습니다.

외부 업종 분석가는 이런 편견을 더욱 심화시켜, 회사를 원래 영역에 가두려 합니다. 내부 구성원과 외부 고객은 회사를 급성장시킬 인접 영역과 씨름하기보다는, 외부 분석가의 영역 리더 간의 차이점 보고서에 더 신경을 씁니다.

> "초기 영역이 당신 회사의 전부가 아닙니다."

애런 레비, 박스의 CEO 겸 창업자

"박스는 새로운 파일 공유 모델을 구현하기 위해 창업되었습니다. 우리는 10년에 걸쳐 어려움을 이겨내고, EFSS^Enterprise File Sync & Sharing(기업 파일 공유 및 동기) 영역에서 리더가 되어, 2015년 NYSE(뉴욕주식거래소)에 상장했습니다. 박스 구성원들에게는 놀라운 성과였습니다!

우리의 사명과 비전은 항상 더 컸지만, EFSS 영역 리더가 된 자부심이 우리 자신을 그것에 한정시켜 정의하기 시작했습니다. 우리와 경쟁사 사이의 작은 차이를 논의하는 외부 분석 보고서에도 우리는 민감하게 반응했습니다. 내부적으로는 기존 영역 리더십을 지키는 것에 자원을 우선 할당했습니다. 이처럼 가끔은 초기 영역에서의 성공이 우리의 정체성을 제한합니다.

이제 바뀌었습니다. 우리는 EFSS에서의 영역 리더십 지위에 감사하지만, 그것이 우리를 더 이상 옭아매지 않도록 열심히 노력합니다. 박스의 비전과 기회는 EFSS 그 이상입니다. 우리의 기회는 클라우드, 모바일, 데스크톱에 걸쳐서 직장에서 협업하는 방식을 한 차원 높여, 사람들의 일하는 방식을 근본적으로 개선하는 것에 있습니다."

탈출 속도에 도달

초기 영역의 중력적 저항을 극복하는 것은 쉽지 않습니다. 에너지가 필요하고 집중이 필요한 일입니다. 하지만 당연히 가능한 일입니다. 회사마다 이를 달리 해결하지만, 몇 가지 일반적 접근 방법이 있습니다.

1. 더 큰 비전을 그리고 회사의 대내외 정체성을 재정의합니다.
   계속해서 교육하고 또 반복합니다. 생각하는 것보다 2~3배
   더 오래 걸릴 수도 있습니다.
2. 구성원을 분산 배치하고, 초기 핵심 영역 밖에도 집중적 재
   무 투자를 합니다. 이 전환을 위한 촉매로, 기업 인수와 같은
   큰 그림도 고려합니다.
3. 새로운 인접 영역으로의 확장을 강화할 전사적 목표와 지표
   를 정의합니다. 그 과정에서 마일스톤에 도달하면 이를 축하
   하고, 다음 마일스톤을 향해 보강할 것은 보강해 나갑니다.
4. 회사에는 새로운 근육기억이 생성되어 오래된 근육기억과
   충돌하게 되면서 혼란이 일어납니다. 이에 대비해야 합니다.
   더 큰 계획에 적응하지 못하는 구성원에게는 조직을 옮길 것
   을 생각해 보도록 해야 합니다.

기존 영역을 뛰어넘는다는 것은 경영진에게는 멋진 학습 경험
이며, 회사 전체에는 매우 신나는 미션이며, 또한 엄청난 가치를
창출할 수 있는 기회입니다.

중요한 질문: 가속화에서 지속 가능성으로
언제 전환합니까?

타이밍은 엄청나게 중요합니다. 가속화에서 지속 가능성으로 너무 일찍 전환하면, 주요 경쟁자가 당신을 앞서 나가게 되고, 당신은 추진력을 잃게 되면서 영역 리더에서 업종 리더로 옮겨 갈 기회를 놓치게 됩니다. 너무 늦게 전환하면, 길어진 가속화 단계는 지속 가능성에 도달하기 전에 많은 자본을 소진하게 하여, 후기 단계 투자자와 일반 투자자를 주저하게 만듭니다. 자본이 충분하지 않으면, 성장은 급하게 느려지고, 영역 리더십 구축을 위한 프로젝트는 취소되고, 스타트업은 시장에서 지위를 잃게 됩니다. 이 전환 시간을 잘 맞추면 성공하고, 잘못 맞추면 실패합니다.

가속화에서 지속 가능성으로 전환해야 하는 시점이란 것을 어떻게 알 수 있을까요? 이를 알리는 몇 가지 신호가 있습니다.

1) 실행이 힘들어지고, 전체 비즈니스에 문제가 생깁니다.

너무 빠른 가속화는 회사를 제대로 운영하기 어렵게 만듭니다. 회사 운영에 구멍이 생기고, 고객이 떠나기 시작하고, 초기 기술부채와 사업부채가 부담이 되기 시작합니다. 그러면 시장 수요가 더많이 존재하더라도, 회사는 성장을 늦추고 실행 문제를 해결하고, 조직부채와 기술부채도 해결해야 합니다.

페이스북Facebook(2021년 10월 메타Meta로 사명을 변경했다)은 2014년

메타(당시 페이스북) CEO인 마크 저커버그Mark Zuckerberg가
2014년 4월 회사의 F8 컨퍼런스에서 무대에 오르고 있다.

5월에 이런 전환을 했습니다. 시장진출 가속화 단계의 페이스북
모토는 "빠르게 움직이고, 걸리적거리는 것은 부숴버린다Move Fast
and Break Things."였습니다. 하지만 회사는 보다 균형 잡힌 접근 방식
의 필요성을 인식하여, 회사 모토를 "안정된 인프라로 빠르게 움
직인다Move Fast with Stable Infra."로 변경하였습니다. 실행 문제로 인한
서비스 중단으로 고객, 플랫폼 생태계, 회사 평판, 투자자의 예측
가능성 등이 손상되었기 때문입니다. 새로운 실행 모델은 "규율을
따르면서 속도 내기"입니다.

2) 성장의 물리학이 더 어려워집니다.

여기에 "대수의 법칙"이 작용합니다. 같은 50% 성장이지만, 연간 2억 달러에서 1억 달러를 추가 성장하는 것은 1억 달러에서 5,000만 달러를 추가 성장하는 것보다 훨씬 어렵습니다. 회사 규모가 커가면서 여러 기능 조직이 어느 시점에 긴장하기 시작하고 효율성이 떨어지기 시작합니다. 절대적 매출 성장은 여전히 크지만 성장률이 떨어져서 회사는 고성장 그룹에서 제외됩니다(참고로, 드물게 어떤 기업은 강력한 확장/상향판매/갱신 추진력으로 "대수의 법칙"을 극복하기도 합니다. 당신이 이런 추진력을 가지고 있다면, 아직 전환할 때가 아닙니다!).

3) 성장자본의 공급이 감소합니다.

계산된 무모함으로 시장진출을 가속화하는 것은 일반적으로 보유 현금 소진을 가속화시켜, "현금흐름 손익분기"를 지연시키고 상당한 자본조달을 필요하게 합니다. 성장자본 시장은 가속화된 지출의 장기적 가치가 나중에 엄청난 현금흐름을 생성할 것이라고 믿기 때문에, 이러한 "무모한" 성장에 자금을 댑니다. 하지만 자본시장은 특정 시점까지만 이런 자금을 지원합니다. 구체적으로는 다음 라운드의 (일반 주식시장 또는 기타) 자본이 현금흐름과 수익성을 향한 증거와 진전을 확인할 때까지입니다. 그리고 그 시점은 갑자기 바뀔 수 있습니다. 무모한 성장에 대한 투자자들의 욕구 또는 욕구상실은 시장 상황에 따라 크게 달라집니다. 회사 운영의 기어변속 결정은 그 변화가 분명하게 보이기 전에 내려져야 합니다. 그것이 분명하게 보일 때는 이미 늦은 것입니다.

4) 기존 고객에게 더 깊은 침투인가? 아니면 신규 고객으로 확장인가?

황무지를 차지하듯 쉽게 고객을 확보하던 날들은 줄어들고 있습니다. 당신과 당신 경쟁자 모두 고객 기반을 확보했습니다. 조금씩 늘어나는 신규 고객을 확보하려 애쓰는 대신에, 기존 고객에게 더 많이 팔거나 새 제품을 추가함으로써 더 높은 고객생애가치^{LTV}를 얻을 수 있습니다. 이제 영업은 기존 고객에게 더 깊이 침투하는 쪽으로 초점을 이동합니다. 그리고 고객은 플랫폼 확장의 전략적 의미가 있는 인접 영역으로 당신을 끌어당깁니다. 이것에는 유용한 2차 효과가 있습니다. 기존 고객 관계를 지렛대로 활용하기 때문에 영업성장이 매우 효율적이며, 상대적으로 적은 자본과 운영 투자로 큰 성과를 낼 수 있습니다.

지속 가능성을 향한 변화

계산된 무모함의 시장진출 가속화는 그간 회사의 사고방식과 실행을 주도해 왔습니다. 이제 지속 가능 단계로 나아가기 위해 기어를 바꾸려면 기존의 사고방식과 실행을 근본적으로 바꾸어야 합니다. 그런데 이 변화는 매우 어렵습니다. 왜냐하면 시장진출 가속화 단계일 때는 그것들이 여러 면에서 성공의 열쇠였기 때문

실행 전환	사고방식 전환
계산된 무모함 → 예측가능한 성장 성장을 위한 지출 → 영업효율성/LTV 먼저 진행, 나중 수정 → 계획, 지표, 운영	현금흐름 → 손익분기를 향한 명확한 경로 무조건 성장 → LTV에 기준한 가지치기 성장과 최적화를 함께 생각하는 문화와 목표
시장 전환	**투자자 전환**
[일부러 비워둠]	예측가능한 성장과 수익성을 향한 경로 일반 주식시장 자본

입니다. 그러나 변화는 회사 전반에 걸쳐서 일어나야만 합니다.

실행 전환: 계산된 무모함에서 예측가능한 성장으로

예측가능성이 중요합니다. 영업 예측이 부풀려지면 현금 잔고에서 수백만 달러가 빠지고, 후기 투자자의 신뢰가 땅에 떨어지며, 시장에서의 인식이 나빠집니다. 제품출하 날짜를 못 맞추면 큰 거래가 정지되고, 분기 계획은 틀어지고, 사기가 엉망이 됩니다. 내부 및 외부 예측가능성은 지속 가능한 회사가 되기 위한 회사 DNA의 일부가 되어야 합니다.

예측가능성에 대한 첫 번째 테스트는 비즈니스의 예측가능성이 본질적으로 높아지고 있는지를 살피는 것입니다. 신규 고객의 획득보다 기존 고객의 확장/갱신이 본질적으로 더 예측 가능합니다. 많은 영업 인력과 잘 개발된 영업 채널은 분기별 영업 목표에 대한 파이프라인 현황을 더 잘 볼 수 있게 하여, 본질적으로 예측가능성을 높여줍니다. 이처럼 본질적 예측가능성의 향상이 중요합니다.

본질적 예측가능성에 기초한 실행을 하려면, 가능하면 다음 두 가지가 필요합니다. 첫째는 "실질적 계획"이고, 둘째는 목표 달성 여부를 파악하기 위한 "운영 도구"입니다. 실질적 계획과 운영 도구는 회사의 영업, 제품, 마케팅 등 모든 팀을 꿰뚫고 있어야 합니다.

재무계획 변경이 필요한 어느 규모 이상의 모든 결정은 그 수익목표와 비용목표가 계획에 분명하게 명시되어야 합니다. 좋은 지표가 성공의 열쇠가 됩니다. 지표는 생각했던 가정과 결정이 궤도를 벗어나고 있는지 알려주는 조기경보 역할을 합니다. 지표는 또한 회사의 좋은 운영 규율을 만듭니다. 계획, 결정, 진행 등의 구체적 현황을 알기 위하여, 각기 다른 개발 단계에 있는 다양한 제품 또는 시장 분야를 각각 다른 손익계획에 따라 보기 시작합니다. 그러면서 종종 기존에 사용했던 기능 중심의 계획/절충 모델과 상충되기 시작합니다. 이런 상황은 회사 경영진이 한 단계 높은 수준의 전문성을 갖도록 요구합니다.

회사의 예측 가능성에 있어서 중요한 역할을 하는 두 가지 특별한 항목이 있습니다.

1. **재무 계획과 분석:** 영업, 제품, 마케팅, 임직원 수 등 사업 계획의 위부터 아래까지 모든 것이 잘 맞아떨어져야 합니다. 재무계획/분석팀은 기능 리더들과 협력하여 의사결정을 모델링하

고 필요한 절충을 합니다. 그리고 리더들은 이제 계획을 모니터링합니다. 사업이 제대로 진행되는지 알기 위해서 지표와 조기경보가 필요합니다. 회사 초기에는 재무 계획/분석팀이 크지 않으며, 주로 계획 수립을 도와주는 역할을 합니다. 지속가능성 단계에서는 재무 계획/분석팀은 매우 중요한 역할을 하며, 회사의 월 단위 운영과 밀접하게 관계됩니다.

2. **영업 운영과 예측:** 영업 운영과 예측은 회사의 매출 계획에 결정적 영향을 미치는 핵심 근육조직이 됩니다. 시장진출 가속화 및 지속 가능성 단계에서의 영업운영 2.0은 매우 다르며 전략적이어야 합니다.

생존 단계의 "영업운영 1.0": 관리적

보상 및 할당 계획

Salesforce.com 활용/CRM 관리

주간 및 분기 예측

번창 단계의 "영업운영 2.0": 전략적 및 필수적

회사 성장모델과 의사결정: 최상위 영업 목표와 이를 뒷받침할 영업/마케팅 자원할당 계획과 비용을 모델링합니다.

복수의 시장진출 구조: 전체적 영업 구조, 플레이북, 지원팀 구조, 자원 및 보상 계획을 설계하고 실행합니다.

심층적 지표 및 영업 효율성: 심층적 지표는 영업 효율성을 측정하고, 영업 모델을 검증하고, 회사가 궤도에 벗어나 있는지 알려줍니다.

권한 위임: 영업 및 채널팀이 효과적으로 운영되도록 권한을 위임합니다.

예측: 이번 분기뿐만 아니라, 다음 여러 분기를 예측합니다.

그러나 이를 염두에 두십시오. 재무 계획/분석과 영업 운영/예측은 분명히 중요하지만, 실행을 강화하기 위해서는 이것이 견고한 시장진출 리더십과 밀착 운영되어야 합니다.

사고방식 전환: 현금흐름 손익분기를 향한 명확한 경로

지속 가능한 비즈니스의 가장 기본은 플러스의 현금흐름과 수익성입니다. 시장진출 가속화 동안에는 신속한 고객확보와 영역 리더십 투자가 장기적 성과를 거둘 것이라 믿기 때문에 투자자는 스타트업에 플러스의 현금흐름과 수익성을 요구하지 않습니다. 그러나 지속 가능성 단계에서는 회사가 "성장"을 해야 합니다. 지속적 성장을 보여주고, 동시에 정해진 기간 내에 플러스의 현금흐름과 수익성에 도달할 수 있는 명확한 경로 위에 회사가 있음을 입증해야 합니다.

이제 절충은 더 어려워집니다. 영업팀이나 마케팅 프로그램을 추가하는 결정에는 세심한 분석이 필요합니다. 단순히 "둘 다 수행"은 이제 더 이상 답이 아닙니다. 연구개발 비용을 늘리고 전략적 인수를 통해 인접 시장에 진출하여 영역 리더십을 강화할 수 있지만, 그러려면 비용이 증가하여 현금흐름 손익분기는 더 늦어집니다. 운영과 계획의 체계화는 지속 가능성에 중요하지만, 시간은 더 걸립니다. 운영의 탁월함은 속도의 희생으로 얻어집니다. 그래서 결정과 행동이 느려집니다. 이러한 제약과 절충은 모두 정상이긴 하지만, 이에 적응해야 하는 구성원은 고통스럽습니다. 명확한 계획, 격렬한 토론, 충분한 비즈니스 판단이 도움이 될 것입니다.

유용한 모델: 매출 발생과 비용을 서로 연결합니다. 현금흐름 손익분기에 도달하는 것은 쉽지 않습니다. 이는 개념화하기 어려운 여러 변수와 서로 얽혀 있습니다. 이것에 유용한 모델은 다음 페이지의 표와 같이 매출을 이와 관련된 비용과 상호 연결하는 것입니다. 비즈니스를 이렇게 다음 페이지의 표처럼 두 가지 흐름으로 분리하면, '언제, 어디에 얼마를 투자할 것인가?', '현금흐름 손익분기'라는 핵심 목표 달성의 진척도를 어떻게 측정할 것인가?' 같은 결정을 내리는 데 도움이 됩니다.

현금 소진을 가속화하여 현금흐름 손익분기를 더 빠르게 달성합니다. 직관에 반하게 들리겠지만, 가능합니다. 시장진출 생산성과 영업 갱신률이 충분히 높고, 따라서 고객 청구금액이 연구개발비용보다 빠르게 증가하면, 기업은 갱신 분기점에 빠르게 도달하고 훨씬 큰 플러스의 현금흐름을 얻게 됩니다. 이 경우 회사는 단기적 손실에도 불구하고 시장진출 가속화에 공격적으로 투자해야 합니다. 이것이 빠른 시장진출 가속화 전략의 재무적 기반입니다.

신규 영업을 시장진출 비용과 결부시킨다.	신규 영업의 매출 기여액을 시장진출 비용과 비교하여, "시장진출 생산성"이라는 매직 넘버를 얻습니다. $$\frac{\$\ 신규\ 청구액\ \times\ 총\ 마진\ \%}{(\$\ 영업/마케팅\ 비용)} = "시장진출\ 생산성"$$ 이것이 어떻게 도움이 되는가: 이 비율이 1.0 이상이면 신규 영업이 비용보다 더 크게 기여하여, 플러스의 현금흐름을 만듭니다. 시장진출이 잘 동작하는 것을 의미합니다. 회사는 더 큰 성장을 위해 시장진출에 더 많은 비용을 투자하길 원할 것입니다. 신규 고객이 매우 높은 장기적 가치를 가진 경우에 한해서는 회사는 의도적으로 이 비율을 1.0 아래로 가져갈 수 있습니다. 시장진출 생산성이라 불리는 이 비율이 1.0 미만이고 고객의 장기적 가치가 낮으면, 영업/마케팅 투자로 장기적 현금흐름 손익분기를 얻을 수 없으므로, 비즈니스에 보다 근본적 수정이 필요합니다.
영업 갱신을 제품/고객 지원 비용과 결부시킨다.	갱신 기여액(갱신 매출에 총마진 %를 곱한 값)을 시장진출 비용 외의 기타 소요 비용(제품개발, 고객만족, 일반관리 비용)과 비교합니다. 이를 제품출시와 고객에 관련된 일종의 "고정비"라고 생각하십시오. 이것이 어떻게 도움이 되는가: 갱신 분기점(갱신 기여액이 기타 소요비용을 초과할 때)에 도달한 것은 중요한 마일스톤이며, 플러스의 현금흐름을 예견하게 됩니다. 그 시점을 1년 정도 앞서 예측하는 것은 비교적 쉽습니다. 갱신 분기점에 도달한 이후, 고객갱신으로 생긴 초과 청구액을 회사는 추가 시장진출이나 업종 리더십 확보에 투자합니다. 물론 현금으로 쌓아둘 수도 있습니다.

사고방식 전환: 효율성 향상 및 고객생애가치 극대화

시장진출 가속화 단계에서는 매출 성장과 현금소진 관리에 초점을 두었습니다. 지속 가능성 단계로 들어서면 비즈니스 내부에서 일어나는 일로 초점이 옮겨 갑니다. 효율성 지표, 단가 경제성, 고객생애가치 모델 등이 이제 의사결정에서 핵심 역할을 합니다. 그리고 많은 결정을 해야 합니다. 어떻게 성장할지? 어디에 투자하고, 어디에 투자하지 않을지? 어떤 고객에게 집중하고, 어떤 고객은 신경 쓰지 않을지? 어떤 마케팅 주도권을 위하여 투자할지? 무엇을 죽일지? 확장할 제품군은 무엇이고, 버릴 제품군은 무엇인지? 지금 해야 할 일은 무엇이고, 기다려서 나중에 해야 할 일은 무엇인지?

지표가 중심이 되다: 지표를 설정하고, 추적하고, 진화해 나가면 비즈니스 전반의 모든 사람들이 진척 상황을 파악하고, 크고 작은 결정을 내리는 데 도움을 줄 수 있습니다. 좋은 지표는 그 시스템과 보고에 있어서 정확성을 요구합니다. 지표가 잘 설계되면, 회사 운영의 미묘한 사항까지 파악하기 쉬워 비즈니스 동인을 더 잘 알 수 있고, 문제를 감지하여 해결할 수 있고, 회사 운영을 미세하게 조정할 수 있습니다.

그러나 주의해야 할 함정이 있습니다. 지표에 너무 치우치면, 단순히 숫자만 보고 "비즈니스가 잘되고 있는지 아닌지" 판단하는 경향이 생깁니다. 이로 인해 의사결정권자는 그 지표 아래에서 실제로 일어나는 상황을 제대로 이해하지 못하고, 이에 따른 사업적 판단이 부족한 채로, 그냥 숫자적 결론을 내리게 됩니다. 이는 큰 문제입니다. 주요 지표 이면을 살펴보고, 이들이 현실을 제대로 반영하는지 판단해야 합니다. 그리고 측정 방법과 인센티브 문제로 지표가 왜곡되어 잘못된 결론에 도달할 수도 있습니다.

> **밥 팅커** "모바일아이언의 후기 단계에서, 고객 참여도를 측정하고 미래 영업 상황을 예측하기 위해, 그 핵심 지표로써 고객평가를 시작했습니다. 마케팅 리더 중 한 명이 평가지표를 자세히 살펴보고는, 아시아 내부 영업팀에 대한 보상 계획이 평가를 부풀리게 하여, 실제 추세를 왜곡하고 있다는 것을 알게 되었습니다. 단순히 지표의 숫자만 보았다면 매우 잘못된 결론을 내렸을 것입니다."

성공 척도로서의 효율성: 각종 지표와 성장률 추적은 성과를 측정하는 데 중요합니다. 그런데 똑같이 중요한 것이 비즈니스가 이런 성과를 만들어내는 효율성입니다. 예를 들어, 영업 효율성이란 $1의 영업/마케팅 투자로 얻어지는 $X의 신규 영업을 일컫습니다. 연구개발 효율성이란 $1의 연구개발 투자로 얻어지는 $Y의 신규 영업 또는 갱신 증가를 일컫습니다. 고객 이탈 방지에 $1을 투자하여 고객갱신으로 $Z를 얻을 수 있습니다. 투자자에게 중요한 질문은 "얼마의 자본을 더 투자했을 때 얼마의 더 많은 수익을 얻을 수 있을까?"입니다. 효율성 지표가 이것에 대한 답이 되기 때문에, 투자자들은 효율성 지표에 상당한 가치를 둡니다.

지속 가능성 단계에서 경영진은 성장과 효율성 사이의 균형을 유지해야 합니다. 영업, 마케팅, 연구개발에 대한 효율성 지표는 회사와 경영진의 최상위 목표 중 하나가 되어야 합니다. 효율성에 초점을 맞추면, 회사는 예산 제약에서 벗어난 토론을 할 수 있습니다. 플러스의 현금흐름을 생성하는 지속 가능한 비즈니스를 구축하는 데 무엇이 중요하고 무엇이 효율적인지에 대한 공통된 이해를 바탕으로 자본 배분에 대한 어려운 결정을 내릴 수 있습니다.

순고객생애가치 기반으로 가지치기: 시장진출 가속화를 하는 동안 고객과 매출은 빠르게 늘어납니다. 그러나 모든 고객 세그먼트나 제품 활동이 플러스의 순 고객생애가치를 갖는 것은 아닙니다. 지속 가능성으로 전환하려면 예상되는 순 고객생애가치를 기반으로 필요한 가지치기를 해야 합니다. 가지치기란 고객 세그먼트, 프로그램, 또는 제품 활동에 대해 투자를 줄이거나 취소하는 것을 말합니다.

가지치기는 고통스럽습니다. 당신에게서 구매한 고객이 오도 가도 못하는 환경에 처할 수 있습니다. 해당 프로젝트를 기꺼이 짊어졌던 직원들이 그 프로젝트가 취소되는 것을 알고는 실망합니다. 회사를 믿어주었던 고객의 신뢰를 잃게 되고, 시장에서 부정적 목소리가 퍼집니다. 지난해의 회사 우선 프로젝트가 취소되는 것을 보고는 직원들은 새로운 프로젝트에 승선하는 것을 두려워할 수 있습니다. 하지만 가지치기는 지속 가능성을 위한 항시적 회사 규율이 되어야 합니다.

투자자 전환: 벤처 투자자에서 일반 투자자로

가속화된 성장에 도달하고 현금흐름과 수익성에 대한 명확한 경로가 보이면, 스타트업은 주식 상장을 통해 벤처 투자자로부터 일반 투자자로 옮겨서 새로운 투자자 기반을 열 수 있습니다. 그런데 일반 주식시장은 새로운 수준의 재무지표를 요구하고, 성장과 예측가능성에 대해서도 새로운 수준의 기대치를 요구합니다. 일반 주식시장은 건전하고 제한 없는 자본을 공급하지만, 회사가 힘들어지면 여러 고통을 짊어지게 합니다.

상장은 훌륭한 마일스톤이지만, 끝이나 "출구"가 아닙니다. 이것은 시작입니다. 기본적으로 상장이란 다음 두 가지를 의미합니다. ① 새로운 투자자(일반 주식 투자자)로 구성된 첫 번째 자본조달, 그리고 ② 회사의 신뢰성에 대한 훌륭한 마케팅 이벤트.

지속 가능성을 향한 전진: 문화와 사람의 변화

회사는 이제 다른 스케일로 운영되고 있습니다. 영업 및 엔지니어링팀은 불과 몇 년 전의 회사 전체보다 커졌습니다. 구성원은 전세계로 퍼져 있으며, 서로 문화와 일하는 방식이 다릅니다. 제품라인과 진출 시장도 여럿으로 커졌습니다. 전 세계 많은 고객이 당신 제품을 미션크리티컬한 용도에 사용합니다. 경쟁 환경은 대규모 기존 사업자에 맞서 경쟁하는 것으로 바뀌었습니다. 금융 시장과 투자자는 달라진 요구를 합니다. 이렇게 커가는 규모에 맞추어, 계획하고, 대화하고, 실행하고, 문화를 유지하는 것은 쉽지 않습니다. 규모에 따른 성장과 지속 가능성의 균형을 잡기 위해서는 구성원의 사고방식과 문화가 진화해야 합니다.

문화 공존: 계획과 최적화를 통한 성장

계속해서 성장을 추진하면서, 계획과 운영을 최적화하고 체계화할 필요성은 회사의 사고방식과 문화에 변화를 가져오기 시작합니다. 채용되는 사람들의 유형이 바뀝니다. 일반관리와 운영 담당 인원이 늘어나면서 공격적 고객 확장과 사세 확장의 여파에서 벗어나 회사의 운영 기반이 강화됩니다. 영업, 마케팅, 고객 만족도 관리, 엔지니어링 등의 모든 기능팀은 계획과 운영을 더 잘하기 위해 이에 필요한 직원을 추가합니다. 경영진의 역할도 진화합니다. 성장 단계에서 뛰어났던 경영진이라도 새로운 규모에서 계획하고 운영하는 데는 어려움을 겪을 수 있습니다. 이제 무조건 앞으로 전진하기보다는 탁월한 운영이 회사에 중요합니다. CEO는 체계적 성장과 수익성 경로를 회사의 최고 목표에 반영해야 합니다. 회사 문화는 성장 문화와 계획/운영 문화가 공존할 수 있도록 바뀌어야 합니다.

어려움: 이런 전환은 문화적 긴장을 초래합니다. 성장을 선도하고 가속화했던 초기 직원과, 운영 체계화와 예측가능성을 추구할 책임을 맡은 후기 직원 사이에 문화적 긴장이 생길 것을 예상해야 합니다. 이에 대한 쉬운 해결책은 없습니다. 모든 성공한 회사는 이 문제에 직면합니다. 도전을 권장하고 위험을 감수하고 책임지게 하는 정신과 운영에 대한 만반의 준비를 갖추려는 정신 사이에서 적절한 균형을 잡아나가야 합니다.

조언: 성장과 최적화를 하나로 묶는 명확한 중기 목표를 설정합니다. 더 이상 성장과 거래 확보에만 매몰되지 않도록 성공 지표를 재정의하고, 이런 절충을 하는 이유를 공개적으로 이야기합니다. 이 단계 목표의 예를 들면 다음과 같습니다.

회사 목표: 지속 가능한 업종 리더십

- 2017년 4분기까지 현금흐름 손익분기 달성
- X%의 이상의 매출 성장. 최대 경쟁자 대비 점유율 증가
- 상향판매 및 확대판매 증가율 30% 이상
- 제품 A, B, C를 핵심제품으로 출시하고, 인접 영역으로 진출 확대
- 고객 만족도 증가: 고객추천지수>20, 갱신율>94%

Catch-22
이러지도 저러지도 못하는 진퇴양난의 상황.

Catch-22: 예측가능성 vs. 민첩성

회사 성장의 이 단계에서는 소통과 조직에 대

한 부담이 늘어나면서 계획과 운영을 중시하게 되어, 조직 민첩성이 떨어질 수 있습니다. 민첩성을 조금 잃는 것은 어쩌면 당연하지만, 너무 많이 잃으면 질식합니다. 따라서 프로젝트팀의 크기를 상대적으로 작게 유지해야 합니다. 아마존은 매우 큰 회사이지만, 팀 규모를 "피자 2판 팀"으로 제한합니다. 피자 2판으로 팀 전원이 먹을 수 있는 규모를 말합니다. 관리자가 있을 필요가 없는데도 리더들이 서로 뒤엉켜 서로를 관리하게 되는 가상 계층이 생기는 것도 조심해야 합니다.

예측 가능성은 조직 경직성으로 옮겨 갈 수 있습니다. 고위 경영진은 이런 경직성을 없애기 위하여 때로는 의도적으로 현상유지 상황을 뒤엎어야 합니다. 당신이 그렇게 해왔던 것처럼, 스타트업의 전형적 움직임은 민첩함을 잃은 영역 리더를 붕괴시키는 것입니다.

구성원의 변화: 바뀌어야 합니다.

시장진출 가속화에서 지속 가능한 업종 리더십으로의 전환은 회사 전체에 걸쳐 불편을 초래하는 전환입니다. 역할, 사고방식, 기술, 실행 등 모든 것이 "다시" 바뀝니다. 모든 리더의 직무가 바뀝니다. 이 과정에서 리더십에 많은 변화가 생기는 것은 일반적입니다(제2권, 『생존을 넘어 번창으로: 기업 구성원의 여정』참조).

지속 가능성에 초점을 두고 기존 비즈니스를 확장하려면, 스타트업 초기에 초점을 두었던 빠른 반복과 성장의 정신과는 다른, 새로운 사고방식과 방법론이 필요합니다. CEO는 모든 리더의 과거 기여도가 아니라, 지속 가능한 리더로서 회사에 필요한 능력을 그들이 보유하고 있는지 솔직하게 평가해야 합니다. 그리고 인간적 관점에서 살펴보면, 가속화 성장을 주도한 후에는 뛰어난 경영자조차 지쳐 있습니다.

CEO를 포함한 모든 경영진은 자기가 회사의 다음 단계에 적합한 인물인지 스스로 거울에 비춰보아야 합니다. 자기 능력을 뛰어넘는 회사를 만드는 경영자가 되는 것은 매우 영광스러운 일이지만, 아쉽게도 자신을 그렇게 잘 변화시킬 수 있는 경영자는 매우 드뭅니다. 그런데 경영진에게조차 변화는 필요합니다. 회사의 다음 단계에서 적절한 역할을 해줄 적합한 경영진이 있는지는 스타트업을 의미 있는 회사로 변화시키기 위해 피와 땀을 쏟아부은 구성원, 주주 및 모든 사람에게 무엇보다 중요합니다.

성공은 변화를 의미합니다: 변화는 힘들지만, 건강하게 만듭니다

회사는 창업 이래 놀랍도록 먼 길을 왔습니다. 생존하려 고군분투하던 작은 스타트업이 제품-시장 최적화를 해내고, 영역 리더십으로 가속화했으며, 이제 그 영역을 뛰어넘어, 매우 가치 있는 업종 리더가 되었습니다. 이런 힘든 성공에는 즐거움과 어려움이 함께합니다. 좋을 때도 있었고 나쁠 때도 있었습니다. 그런데 언제나 변하지 않는 명제 하나를 기억해야 합니다. 그것은 바로 "변화해야 살아남는다."라는 것입니다.

성공이란 회사의 변화를 의미합니다. 회사의 변화란 역할 변화를 의미합니다. 역할 변화란 사람들이 그 과정에서 변화해야 함을 의미합니다. 회사를 A에서 B로 변화시키는 것은 B에서 C로 변화시키는 것과 다르며, 이것은 또한 회사를 C에서 D로 변화시키는 것과 다릅니다. 회사 전반의 모든 사람이 적응해야 하며, 이는 많은 경우 회사를 초기에 성공하게 만든 바로 그것을 떨쳐내야 하는 것을 의미합니다. 변화란 성장과 성공의 자연스러운 부산물입니다. 변화는 어렵지만, 예상해야 합니다. 마음먹고 준비해야 합니다. 변화는 정상입니다. 그리고 무엇보다 변화는 회사를 건강하게 만듭니다.

당신의 스타트업은 놀라운 성과를 거두었습니다. 소수의 열정적 창업자와 시작했던 작은 회사가 이제는 그 미션을 모두에게 각인시키며 엄청난 가치를 창출하는 업종 리더가 되었습니다. 이는 모든 기업가의 꿈입니다. 담대해져도 됩니다. 자랑해도 됩니다. 당신에게는 그럴 자격이 있습니다.

○ 영역 리더십을 달성하는 것은 스타트업에 굉장한 업적이지만, 장기적 가치를 진정으로 구축하는 것은 지속 가능한 업종 리더가 되는 것입니다.

○ 지속 가능한 업종 리더십은 회사가 한꺼번에 두 가지에 초점을 맞출 것을 요구합니다. 초기 영역을 뛰어넘으면서, 동시에 지속 가능한 수익성 있는 비즈니스 모델을 만드는 것입니다. 둘 다를 잘하는 것은 쉽지 않습니다.

○ 업종 리더십은 다음 세 가지의 조합을 요구합니다. 1) 인접 영역으로 확장, 2) 제품에서 플랫폼으로 확장, 3) 신시장 개척을 위한 시장진출 모델의 추가. 이 모든 작업은 그간 회사가 잘 발달시켜 왔던 근육기억을 고통스럽게 변화시킬 것을 요구합니다.

○ 초기 영역을 뛰어넘기 위해서는 사고방식의 전환이 크게 필요합니다. 회사는 내부 이미지와 외부 이미지 둘 다를 재개념화해야 합니다. 그런데 이는 초기 영역 리더십 구축에 정신없이 집중했던 사람들에게 매우 어려울 수 있습니다.

○ 지속 가능성을 달성하려면 상당한 실행 변화가 필요합니다. 플러스의 현금흐름을 달성하려면 어려운 절충이 필요합니다. 의사 결정권자는 이제 운영 우수성과 성장 효율성을 우선시해야 합니다.

○ 업종 리더십을 위한 자본조달에 핵심이 되는 일반 주식시장이라는 새로운 부류의 투자자는 예측 가능성과 수익성 경로를 중요하게 여깁니다.

○ 회사 문화는 이제 성장과 최적화 사이에서 균형을 찾아야 하며, 이는 문화적 긴장을 유발합니다. 성장 단계에서 성공했던 많은 리더들은 이제 힘들게 적응해야 합니다.

o 업종 리더가 되면서 회사는 이제 재무적으로도 시장에서도 강해졌지만, 민첩성을 잃는 경우가 많아, 한때 민첩했던 스타트업이 아이러니하게도 "혁신가 딜레마"에 빠지게 됩니다.

o 지속 가능한 업종 리더로의 전환은 순조롭지 않습니다. 업종 리더십은 새로운 변화와 혼란을 불러옵니다. 변화와 혼란의 숫자가 이제 훨씬 더 많아졌을 뿐입니다.

o 보잘것없던 스타트업을 이끌어, 살아남고 번창하여, 그 미션을 만방에 각인시키는 업종 리더가 되는 것은 모든 기업가의 꿈이며, 또한 막대한 가치의 창출입니다. 대담하게 도전하십시오!

NOTE

제6장

생각을 정리하면

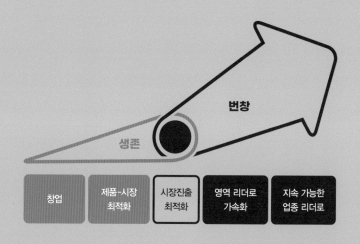

기업 대상 B2B 스타트업은 섹시하지 않습니다. 칵테일 파티에서 나눌 쉬운 이야기가 아닙니다. 할아버님 할머님께는 설명드려도 어려워하실 것입니다. 그러나 기업을 움직이게 하는 기반기술은 우리 경제 전체를 떠받치고 있으며, 이 기술의 모든 면면은 계속 재창조되고 있습니다. 전체 컴퓨팅기술과 인프라가 재창조되고 있습니다. 애플리케이션은 새롭게 만들어지고 있습니다. 모바일은 사용자와 만나는 새로운 접점이 되어가고 있습니다. 기술 정체성이 변하고 있습니다. 데이터를 자유롭게 분석하여 의사결정에 참고할 수 있습니다. AI는 전체 산업을 뒤엎고 있습니다. 적어도 향후 10년 동안 기업 대상 B2B 스타트업은 기업가에게 1조 달러 이상의 사업 기회를 제공할 것입니다.

기업 대상 B2B 스타트업을 성공시키기란 쉽지 않습니다. 제품, 매출, 사람, 자본 모두가 없는 상태에서 시작하여, 10억 달러 매출을 올리는 지속 가능한 업종 리더십으로 가는 길은 감히 생각하기 어려운 도전처럼 보입니다. 하지만 결코 불가능하지 않습니다. 기업가로서 이룰 수 있는 꿈입니다.

성공의 열쇠: 회사가 변해야 하는 것을
예상해야 합니다

성장하는 스타트업은 모두가 성원합니다. 하지만 성장은 변화를 일으킵니다. 단 한 번의 변화가 아니라, 회사가 새로운 단계로 들어설 때마다 변화를 일으킵니다. 전략이 변화하고, 실행이 변화하고, 비즈니스가 변화하고, 사고방식이 변화하고, 투자자가 변화합니다.

이런 변화를 예상하는 것이 기업 대상 B2B 스타트업 성공의 열쇠입니다. 아이러니하게도, 한 단계에서 성공의 요인이었던 전략, 실행계획, 사고방식 등이 다음 단계에서는 도리어 회사를 가로막는 바로 그 요인이 됩니다. 따라서 기존 사고를 털어내고 또털어내는 것이 무엇보다 중요합니다. 이를 인식하지 못하고 그냥적응하려는 기업은 활력을 잃고, 기회를 놓치고, 무의미하게 사라집니다.

기존 사고를 털어내는 것은 이론적으로 말하기는 쉽지만, 실제로 실행하기는 어렵습니다. 더없이 어렵습니다. 과거 단계를 잊고다음 단계를 예상하는 것은 회사 성공에 더없이 중요합니다. 기존사고를 털어내는 것은 CEO, 창업자, 경영진, 그리고 회사의 모든사람에게 놀라운 학습 경험이 됩니다.

처음에는: 생존

기업 대상 B2B 스타트업의 초기 단계 목표는 간단합니다. 생존입니다. 제품-시장 최적화를 하고, 초기 시장진출에 대한 감을 얻을 수 있을 만큼 오래 생존하는 것입니다.

창업 단계

적합한 공동창업자를 모읍니다. 아이디어를 정제해서, 좋은 사람과 똑똑한 자본을 끌어모으는 "중력"을 만듭니다. 기술에서부터 시작하는 것이 아니라, 고객 문제 또는 산업 변화에서부터 시작하여, 거꾸로 솔루션을 만들어갑니다. 기업 고객은 기술을 위해서 기술을 구매하지는 않습니다.

제품-시장 최적화

B2C 제품-시장 최적화는 자주 다뤄지는 주제입니다. 그러나 B2B 제품-시장 최적화는 이것과는 다릅니다. B2B 제품-시장 최적화에는 제품을 사용하고 다른 고객에게 추천해 주는 유료 본보기 고객이 있어야 합니다. 여기에 지름길은 없습니다. B2B 스타트업을 위한 제품-시장 최적화는 반복 또 반복을 요구합니다. 초점은 좁히되, 근시안이 되어서는 안 됩니다. 초기 창업 아이디어에 대해 이단적 배신처럼 보일지라도, 인접 문제에 대해서도 열려 있어야 합니다. 제품-시장 최적화로 이르는 고객 핫스팟은 종종 인접 영

역에서 찾을 수 있습니다. 그리고 제품-시장 최적화를 반복하면 기술부채와 조직부채가 생긴다는 것을 알아야 합니다. 이것에도 준비해야 합니다.

제품-시장 최적화는 엄청난 성과입니다. 자랑하고 기뻐합시다. 그런데 생각해야 할 것이 있습니다. 제품-시장 최적화만으로는 기업 대상 B2B 스타트업이 성장하기에 충분하지 않다는 것입니다. 수많은 스

타트업이 제품-시장 최적화를 이루고 처음 20여 고객을 확보하지만, 결코 성장을 실현하지 못합니다. 무엇이 빠져 있어서 그럴까요?

"빠진 연결고리": 시장진출 최적화

기업 대상 B2B 스타트업에게는 제품-시장 최적화와 성장 사이에 빠져 있는 중요한 연결고리가 있습니다. 이상하게도 아직 이름도 없었습니다. 우리는 이를 "시장진출 최적화"라고 이름 붙였습니다. 시장진출 최적화에는 세 가지가 있어야 합니다. 명확한 시장진출 모델, 반복적으로 고객을 발굴하고 획득하게 하는 시장진출 플레이북, 그리고 "왜 지금?"이라는 질문에 답하는 시급성입니

다. 시장진출 최적화를 하는 프로세스는 제품-시장 최적화를 하는 프로세스와 매우 유사합니다. 고객을 발굴하고 획득하는 방법을 반복하고 반복해서 개선해 나가는 것입니다.

시장진출 최적화에는 어려운 도전이 따릅니다. 회사에 부담을 줍니다. 위험도가 높아지고 자금소진이 빨라집니다. 목표는 맞추기도 쉽지만, 놓치기도 쉽습니다. 제품주도 전략에서 제품-시장진출 균형 전략으로 전환하는 것은 회사 문화를 시험하게 합니다. 시장진출 최적화를 하는 동안 다른 사람들도 비슷한 기회를 보기 시작하면서 그럴듯한 경쟁자들이 고개를 쳐들기 시작합니다. 그런데 이는 당신이 올바른 길을 가고 있다는 신호입니다.

회사가 시장진출 최적화를 이루었는지 어떻게 알 수 있을까요? 대답은 간단합니다. 회사에 가속도가 붙고 추진력이 생긴다면 시장진출 최적화를 이룬 것입니다. 시장진출 최적화를 이루면 비즈니스가 생존 단계에서 벗어나 번창 단계로 가속화해 나갑니다.

그런 다음, 번창 단계로 전환

이제 사고방식은 "어떻게 죽지 않을까?"에서 "어떻게 승리를 거둘까?"로 바뀝니다. 즉, 번창 단계로의 전환입니다. 이는 B2B 스타트업 삶에서 즐거운 순간의 하나로, 매우 신나는 경험입니다. 이제 스타트업은 가치를 창출하고 미션을 수행하는 비즈니스를

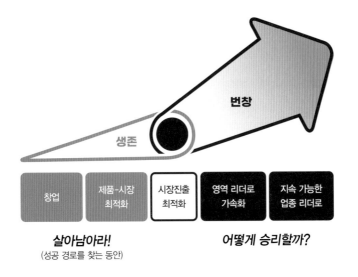

번창

생존

| 창업 | 제품-시장 최적화 | 시장진출 최적화 | 영역 리더로 가속화 | 지속 가능한 업종 리더로 |

살아남아라!
(성공 경로를 찾는 동안)

어떻게 승리할까?

구축할 기회를 갖게 되었습니다. 중요한 비즈니스! 이 느낌을 음미하십시오.

번창 단계에서는 실행, 운영, 사람, 문화 등 모든 것이 변화합니다. 생존 단계에서 비즈니스 성공을 가져왔던 일하는, 생각하는, 결정하는, 그리고 행동하는 방식이 번창 단계에서는 도리어 걸림돌이 될 수 있습니다. 예전에 작동하던 방식 대부분은 더 이상 작동하지 않습니다. 초기 스타트업을 성공으로 이끌었던 많은 부분을 이제는 잊어야 합니다. 정신 나간 것처럼 보이고 또한 쉽지 않겠지만, 비즈니스를 가속화하여 영역 리더가 되려면 이것은 절대적으로 중요합니다.

영역 리더십으로 가속화

시장진출 가속화는 재미있기도 하고 무섭기도 합니다. 이때 어려운 질문은 "얼마나 빠르게 속도를 내야 할까?" 그리고 "언제 속도를 늦춰야 할까?"입니다. 이제 스타트업은 빠르게 성장하여, 경쟁자를 앞서 나가, 영역 리더가 될 기회를 갖게 되었습니다. 하지만 동시에 가속화에 따른 혼돈, 새로운 운영의 복잡성, 구성원 업무의 급격한 변화 등을 받아들여야 하고, 기존 습관들을 떨쳐버려야 합니다. 힘들게 쟁취한 성공 마일스톤마다 새로운 변화와 고통을 마주하게 됩니다. 빠르게 가속화하는 회사를 하나로 묶는 데는 운영성과에 대한 지표와 측정이 중요합니다. 실행은 생존을 위해 인색하게 몸부림치던 관행에서 벗어나 이제 계산된 무모함으로 옮겨 갑니다. 수익성 있는 지속 가능한 비즈니스의 초기 기반을 마련하면서, 동시에 빠르게 성장하여 영역 리더가 되려는 것은 마치 정신분열증을 앓는 것처럼 느껴집니다.

지속 가능한 업종 리더십

스타트업은 이제 상당한 매출을 올리며 빠르게 성장하는 영역 리더가 되었습니다. 여기까지 도달하는 스타트업은 매우 드뭅니다. 이제 당면 과제는 스타트업의 원래 영역을 초월하여 전체 업종 리더가 되는 동시에, 플러스의 현금흐름과 수익성을 만들어가는 것입니다. 모든 것이 다시 변화해야 합니다. 절충은 더욱 통제를 따라야 합니다. 운영 우수성과 효율성이 점점 더 중요해집니다. 주식 상장을 통해 새로운 부류의 투자자(종종 일반 주식투자자)가 자본을 제공합니다. 그리고 놀랍게도 경영진의 역할과 기업 문화가 다시 바뀌어야 합니다. 지속 가능한 업종 리더가 된다는 것은 진짜 번창하여, 전체 시장을 변화시키고, 막대한 주주 가치를 창출함으로써, 수년 전 스타트업의 여정을 시작하게 한 미션을 만방에 각인시키는 것입니다.

가끔은 정답이 없습니다

B2B 사업가로서 자신을 바라볼 때, 좋거나 쉬운 답이 없는 경우가 허다했습니다. 문제가 닥쳐오는 것을 알고 이를 예견하는 것은 분명 도움이 되지만, 그렇다고 이런 지식이 그런 상황 자체를 더 쉽게 만들어주지는 않습니다. 그래서 해야 할 일을 하고는, 계속 나아가야 합니다. 모든 사람이 그러합니다. 당신 혼자만이 그런 게 아닙니다.

변화는 힘들지만, 건강하게 만듭니다

이 책은 열정적 창업에서 시작하여 지속 가능한 업종 리더로 성장해 가는 여정에서 기업 대상 B2B 스타트업이 직면하고 극복해야 하는 도전과 변화를 다룹니다. 변화는 힘들고, 자기를 하찮게 만들기도 하지만, 또한 엄청난 학습 경험이기도 합니다.

뭐가 뒤따라야 할까요? 회사가 변화하면, 제반 업무가 변화하고, CEO부터 경영진 그리고 직원에 이르기까지 회사의 모든 사람이 변화해야 합니다. 그들의 일하는 방식, 상호작용하는 방식, 리딩하는 방식, 행동하는 방식이 변화해야 합니다. 기업 대상 B2B 스타트업의 여정에서 사람에 관련된 변화는 회사에 관련된 변화보다 더 어렵고 더 극적일 수 있습니다. 그러나 둘 다 필요하고, 둘 다 만족스러워야 합니다. 저희의 다음 책인『생존을 넘어 번창으로: 기업 구성원의 여정』은 스타트업이 창업에서 시작하여 업종 리더로 성장하는 여정에 따라 그 역할이 극적으로 바뀌어가는 사람에 대한 변화와 도전을 다룹니다. 그런데 놀랍게도, 그 핵심은 그간 성공으로 이끌었던 생각을 떨쳐내는 것입니다.

여정을 따라 축하하고, 즐기십시오!

"무에서 유로" 스타트업을 성장시켜 나가는 것은 엄청나게 어렵습니다. 강렬한 실행, 변화에 대한 준비, 고통스러운 과속방지턱 극복, 그리고 상당한 행운이 따라준다면 기업가들은 놀라운 성과를 달성하고 산업을 변화시킬 수 있습니다.

모든 마일스톤마다 축하하십시오. 모든 승리를 음미하십시오.

당신의 성공 여정은 우리와 모든 기업가에게 영감 그 자체입니다.

랠프 왈도 에머슨Ralph Waldo Emerson이 말했듯이,
"삶이란 목적지에의 도달이 아니고, 그간의 여정입니다."

잘 생존하고, 생존을 넘어 쭈욱 번창하십시오. 그러고 난 뒤에는 그 성공을 뒤따르는 사람들과 나누십시오.

밥 팅커, 남태희 올림

NOTE

지은이 ────────────────────────────

남태희 Tae Hea Nahm

실리콘밸리의 B2B 기업 중심의 투자사 스톰벤처스의 창업 파트너이자 대표이다. 12개의 유니콘 기업을 포함하여 기타 성공적인 스타트업의 초기 투자자로 유명하다. 하버드대학교에서 응용수학 학사, 시카고대학교에서 법학박사를 받았으며, 실리콘밸리에서 벤처기업의 CEO와 30년 이상 벤처 로펌, 벤처캐피털의 경험을 쌓았다. 변호사로 수백 개의 스타트업과 함께 일하면서 어느 회사가 성공하고 어떤 회사가 그렇지 않은지 구별하는 감각을 키웠고, 응용수학 전공을 살려 초기 경영 단계의 회사를 IPO까지 훌륭하게 이끄는 일을 해왔다. 그는 벤처기업 투자 전문 로펌인 벤처 로 그룹Venture Law Group에서 1993년부터 2000년까지 야후, 페이팔 등 대표 IT 기업 포함 약 1,000개사의 투자에 관여했다. 이후 그룹을 나와 벤처캐피털 '스톰벤처스'를 설립한 이래 매년 10개 이상의 벤처기업에 투자했고 누적 200곳이 넘는 회사가 스톰벤처스의 손길을 거쳤다. 투자 규모는 실리콘밸리 벤처캐피털 가운데 중간 규모지만 펀드 수익률은 상위권에 손꼽힌다. 2007년 국내 게임회사 컴투스의 코스닥 상장 후에도 투자를 계속해 2013년 약 1,100% 수익률을 기록하며 투자금을 회수한 사례가 있다.

지은이 ────────────────────────────

밥 팅커 Bob Tinker

딜로이트Deloitte가 매년 발표하는 북미에서 가장 빠르게 성장하는 500대 기술, 미디어, 통신, 생명과학 및 에너지기술 기업순위인 Fast 500 Index에서 2010년부터 2014년까지 가장 빠르게 성장하는 기술 회사로 선정된 것을 포함하여 초기 설립부터 1억 5,000만 달러 이상의 매출을 달성한 모바일아이언의 전 CEO이다. 대부분의 스타트업 CEO와 마찬가지로 밥은 일반 경영 이론을 그다지 신경 쓰지 않는다. 그는 높은 고지를 차지하고, 문제를 해결하고, 팀을 하나로 모으고, 훌륭한 비즈니스를 구축하는 일에 매진해 왔다. 또한 올바른 결정을 내리고 어려운 문제를 처리하고 한발 앞서 나가는 방법을 늘 고민하는 기업가로, 그런 의미에서 그는 투자자와 달리 단일 사명에 전적으로 헌신하고 물러섬이 없는 창립자 CEO의 전형

이라고 볼 수 있다. 기업가를 위해 돕는 것을 좋아하는 그는 창업가정신을 논할 때
꼭 필요한 사람으로 손꼽힌다.

옮긴이 ─────────────────────────────────────

최두환

한국의 대표적 전문경영인, 한국 디지털 전환의 선구자적 존재.
포스코ICT 사장, KT 사장 역임. 한국공학한림원 정회원. 서울대학교 전자공학과
를 거쳐 텍사스대학교 오스틴캠퍼스UT-Austin에서 박사 학위를 받았다. 이후 벨 연
구소Bell Labs 등 다양한 기관에서 ICT 첨단기술을 연구개발하였고, 이를 산업 현장
에 선도적으로 적용해 신기술의 사업화를 성공적으로 이끌어왔다.
벤처기업 네오웨이브를 창업하고 새로운 광통신 기술을 개발하여 사업으로 성공
시켜 코스닥에 상장시키는 등, 스타트업 경영에 뛰어난 역량을 보였다. KT 사장으
로 재직하면서 통신-미디어-인터넷-콘텐츠 분야를 아우르는 차세대 ICT융합 서
비스 영역을 태동시켰다.
포스코ICT 대표이사 시절에는 스마트기술을 다양한 산업현장에 접목하는 'Smart
X' 사업을 개척해, ICT융합의 새로운 지평을 열었다. 또한 포스코 그룹 전체의 4차
산업혁명을 선도하여, 철강, 건설, 에너지 등 다양한 산업현장의 디지털 전환을 이
끌어, 기존 사업의 경쟁력을 강화하고 미래 성장사업을 발굴하였다.
현재는 투자전문 기관인 스틱인베스먼트에서 한국의 뛰어난 스타트업을 발굴하고
성장시키기 위해 노력하고 있다.
이러한 공로를 인정받아 전자공학 분야 최고 영예인 "대한전자공학대상"을 2019
년 수상하였으며, 정보통신 분야 최고 영예인 "정보통신대상"을 2016년 수상하였
다. 또한 뛰어난 R&D 능력으로 벨 연구소의 DMA Distinguished Member Award를 1989
년 수상하기도 하였다.
주요 일간지에 비즈니스 칼럼을 연재하는 등, 기술의 사회적·경제적 영향을 대중에
게 알리는 일에도 열심이다. 지은 책으로 『스마트팩토리로 경영하라』와 『21세기 신
기술 시나리오』(공저)가 있으며, 옮긴 책으로 『미첼 레스닉의 평생유치원』이 있다.

"우리 벤처기업가라면 꼭 알아야 할 스타트업 창업과 경영에 대한 내용을 읽기 쉽고 이해하기 쉽게 잘 정리한 책이다. 무엇보다 먼저 우리 벤처기업협회 전체 회원부터 먼저 꼭 읽도록 권하고 싶다."

— 정준(쏠리드 대표이사, 전前 벤처기업협회 회장)

"스타트업 창업자를 위한 책이나, 우리 벤처 투자자에게도 매우 흥미롭고 값진 책이다. 어떻게 하면 우리가 투자한 스타트업이 더욱 성공을 거둘 수 있을지를 꿰뚫어 보게 하고 필요한 조언을 할 수 있게 한다."

— 도용환(스틱인베스트먼트 회장)

"언제나 새롭고 유익한 패러다임을 제시하는 최두환 박사가 고르고 고른 스타트업 창업과 경영 지침서이다. 저자의 경험을 바탕으로 쓴 이 책은 현장의 스타트업 경영자에게 개념적 도움을 넘어 실제적이고 현실적인 도움을 줄 것으로 기대된다."

— 구원모(《전자신문》 대표이사)

"나의 창업 과거를 되돌아보게 된다. 그때 이 책을 읽을 수 있었다면 지금보다 몇 배는 더 나은 성공을 이룰 수 있었을 텐데……. 먼저 우리 직원부터 회사와 개인의 경쟁력을 높이기 위하여 꼭 읽어보도록 권해야겠다."

— 이형우(마이다스아이티 대표이사)

"『생존을 넘어 번창으로』은 다양한 성장 단계에 있는 모든 B2B 기업가에게 적합한 책이다. 모두가 읽어야 한다!"

— 애런 레비(박스 CEO 겸 설립자)

"모두가 제품-시장 최적화에 대해 이야기하지만, 모든 스타트업에게 중요한 것은 시장진출 최적화이다. 이 구성을 정의하고 명확한 메뉴얼을 요약한 이 책은 B2B 기업가와 B2B 리더십 팀에게 훌륭한 영감을 줄 것이다."

— 클라라 신Clara Shih(히어세이 소셜Hearsay CEO 겸 설립자, 스타벅스 이사)

"이 책은 신생 스타트업을 구축하기 위한 분석적이면서도 실용적인 가이드이다. 내가 설립자였을 때 이 지식을 접했다면 정말 좋았을 것이다."

— 손영권(전前 삼성전자 사장 겸 CSO, 하만 이사회 회장)

"자신만의 엔터프라이즈 스타트업을 만드는 데 이보다 더 좋은 '방법'을 알려주는 매뉴얼은 없다. 밥 팅커와 남태희 두 사람은 자신들의 경험을 모두 털어내어 기업 문화부터 지분 분할, 조기 판매에 이르기까지 모든 것을 포괄하여 성공하기 위해 무엇이 필요한지 설명하는 실용적인 통찰력과 사례를 공유해준다."

— 아레프 힐러리Aaref Hilaly(세쿼이아캐피털 파트너)

"두 저자는 시장진출 최적화를 통한 성장의 잠금 해제, 스타트업에서 성장하는 회사로의 변화 탐색, 피할 수 없는 좌절에 대처하는 방법과 회사 규모를 키워가는 스케일링, B2B 기술 스타트업에서 승리하는 법 등, B2B 기업가 정신을 실질적으로 설명해주고 있다."

— 롭 시겔(스탠퍼드 경영대학원 교수, 엑시드캐피털XSeed Capital 파트너)

"이 책은 기업 대상 B2B 스타트업들을 위한 기업가정신의 현실판 조언이다. 모든 기업가가 읽어야 한다!"

— 닐 파텔Neil Patel(크레이지에그Crazy Egg 공동창립자, 키스메트릭스KissMetrics 공동설립자, 온라인 마케팅 전문가)

생존을 넘어 번창으로

스타트업 창업과 경영 A-Z

초판 1쇄 발행 2021년 12월 10일
초판 2쇄 발행 2022년 1월 5일

지은이 남태희, 밥 팅커
옮긴이 최두환
펴낸이 김선식

경영총괄 김은영
책임편집 이수정 **책임마케터** 김지우
콘텐츠사업9팀장 이수정 **콘텐츠사업9팀** 이수정, 강대건
마케팅본부장 권장규 **마케팅2팀** 이고은, 김지우
미디어홍보본부장 정명찬 **홍보팀** 안지혜, 김민정, 이소영, 김은지, 박재연, 오수미, 이예주
뉴미디어팀 허지호, 임유나, 송희진, 홍수경
리드카펫팀 김선욱, 염아라, 김혜원, 이수인, 석찬미, 백지은
저작권팀 한승빈, 김재원 **편집관리팀** 조세현, 백설희
경영관리본부 하미선, 박상민, 김소영, 안혜선, 윤이경, 이소희, 이우철, 김재경, 최완규, 이지우, 김혜진, 오지영
외주스태프 표지디자인 이슬기 **본문디자인** 김효정

펴낸곳 다산북스 **출판등록** 2005년 12월 23일 제313-2005-00277호
주소 경기도 파주시 회동길 490 다산북스 파주사옥
전화 02-704-1724 **팩스** 02-703-2219 **이메일** dasanbooks@dasanbooks.com
홈페이지 www.dasanbooks.com **블로그** blog.naver.com/dasan_books
종이 ㈜IPP **인쇄** 민언프린텍 **제본** 대원바인더리 **코팅·후가공** 제이오엘앤피

ISBN 979-11-306-7849-8(03320)